A Room of One's Own
Una habitación propia

Virginia Woolf

A Room of One's Own
Una habitación propia

Texto paralelo bilingüe
Bilingual edition

Inglés - Español
English - Spanish

texto en español, traducido del inglés por Guillermo Tirelli

Rosetta Edu

Título original: *A Room of One's Own*

Primera publicación: 1929

Primera edición: Noviembre 2021

Publicado por Rosetta Edu
Londres, Noviembre 2021

ISBN: 978-1-915088-66-6

Rosetta Edu
Ediciones bilingües

Páginas enfrentadas
Páginas enfrentadas de la traducción y texto original en libros impresos.

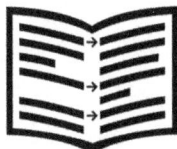

Párrafos alineados en libros impresos
En libros impresos, los párrafos alineados entre los dos idiomas facilitan la comparación y la comprensión, ahorrando la necesidad de referirse constantemente al diccionario.

Párrafos enlazados en libros electrónicos
En libros electrónicos la comparación y la comprensión son facilitadas por citas al pie colocadas al principio de cada párrafo enlazando el texto en el idioma original y su traducción.

Integridad y fidelidad
Traducciones íntegras, fieles y no abreviadas del texto original.

Cuidado del vocabulario
Traducciones especiales para ediciones bilingües, con especial cuidado por la hegemonía de vocabulario utilizando glosarios en el proceso de traducción.

Contexto educativo
Ediciones enfocadas a estudiantes intermedios y avanzados del idioma original del texto en libros coleccionables y aptos para el contexto educativo.

INDICE

A ROOM OF ONE'S OWN[1]

ONE

But, you may say, we asked you to speak about women and fiction — what, has that got to do with a room of one's own? I will try to explain. When you asked me to speak about women and fiction I sat down on the banks of a river and began to wonder what the words meant. They might mean simply a few remarks about Fanny Burney; a few more about Jane Austen; a tribute to the Brontës and a sketch of Haworth Parsonage under snow; some witticisms if possible about Miss Mitford; a respectful allusion to George Eliot; a reference to Mrs Gaskell and one would have done. But at second sight the words seemed not so simple. The title women and fiction might mean, and you may have meant it to mean, women and what they are like, or it might mean women and the fiction that they write; or it might mean women and the fiction that is written about them, or it might mean that somehow all three are inextricably mixed together and you want me to consider them in that light. But when I began to consider the subject in this last way, which seemed the most interesting, I soon saw that it had one fatal drawback. I should never be able to come to a conclusion. I should never be able to fulfil what is, I understand, the first duty of a lecturer to hand you after an hour's discourse a nugget of pure truth to wrap up between the pages of your notebooks and keep on the mantelpiece for ever. All I could do was to offer you an opinion upon one minor point — a woman must have money and a room of her own if she is to write fiction; and that, as you will see, leaves the great problem of the true nature of woman and the true nature of fiction unsolved. I have shirked the duty of coming to a conclusion upon these two questions — women and fiction remain, so far as I am concerned, unsolved problems. But in order to make some amends I am going to do what I can to show you how I arrived at this opinion about the room and the money. I am going to develop in your presence as fully and freely as I can the train of thought which led me to think this. Perhaps if I lay bare the ideas, the prejudices, that lie behind this statement you will find that they have some bearing upon

---

[1] This essay is based upon two papers read to the Arts Society at Newnharn and the Odtaa at Girton in October 1928. The papers were too long to be read in full, and have since been altered and expanded.

UNA HABITACION PROPIA[*1]

UNO

Pero, ustedes dirán, le pedimos que hablara sobre las mujeres y la ficción... ¿qué tiene eso que ver con una habitación propia? Intentaré explicarlo. Cuando me pidieron que hablara sobre las mujeres y la ficción, me senté a la orilla de un río y me pregunté qué significaban esas palabras. Podrían significar simplemente unos cuantos comentarios sobre Fanny Burney; unos cuantos más sobre Jane Austen; un homenaje a las Brontë y un esbozo de Haworth Parsonage bajo la nieve; algunas ocurrencias, si fuera posible, sobre la señorita Mitford; una alusión respetuosa a George Eliot; una referencia a la señora Gaskell y ya estaría. Pero en una segunda consideración las palabras no parecían tan simples. El título «Las mujeres y la ficción» podría significar, y es posible que ustedes hayan querido que signifique, las mujeres y cómo son ellas, o podría significar las mujeres y la ficción que escriben; o podría significar las mujeres y la ficción que se escribe sobre ellas, o podría significar que, de alguna manera, las tres cosas están inextricablemente mezcladas y que ustedes quieren que las considere bajo esa luz. Pero cuando empecé a considerar el tema de esta última manera, que parecía la más interesante, pronto vi que tenía un inconveniente fatal. Nunca podría llegar a una conclusión. Nunca podría cumplir lo que es, según tengo entendido, el primer deber de una conferenciante: entregarle a ustedes, después de una hora de discurso, una pepita de pura verdad para que la envuelvan entre las páginas de sus cuadernos y la guarden en la repisa de la chimenea para siempre. Todo lo que puedo hacer es ofrecerles una opinión sobre un punto menor: una mujer debe tener dinero y una habitación propia para poder escribir ficción; y eso, como verán, deja sin resolver el gran problema de la verdadera naturaleza de la mujer y la verdadera naturaleza de la ficción. He eludido el deber de llegar a una conclusión sobre estas dos cuestiones: las mujeres y la ficción siguen siendo, en lo que a mí respecta, problemas sin resolver. Pero, para enmendar un poco la situación, voy a hacer lo posible

---

1 Este ensayo se basa en dos ponencias leídas ante la Sociedad de Artes en Newnharn y la Odtaa de Girton en octubre de 1928. Las ponencias eran demasiado largas para ser leídas en su totalidad y han sido modificadas y ampliadas posteriormente

women and some upon fiction. At any rate, when a subject is highly controversial — and any question about sex is that — one cannot hope to tell the truth. One can only show how one came to hold whatever opinion one does hold. One can only give one's audience the chance of drawing their own conclusions as they observe the limitations, the prejudices, the idiosyncrasies of the speaker. Fiction here is likely to contain more truth than fact. Therefore I propose, making use of all the liberties and licences of a novelist, to tell you the story of the two days that preceded my coming here — how, bowed down by the weight of the subject which you have laid upon my shoulders, I pondered it, and made it work in and out of my daily life. I need not say that what I am about to describe has no existence; Oxbridge is an invention; so is Fernham; 'I' is only a convenient term for somebody who has no real being. Lies will flow from my lips, but there may perhaps be some truth mixed up with them; it is for you to seek out this truth and to decide whether any part of it is worth keeping. If not, you will of course throw the whole of it into the waste-paper basket and forget all about it.

Here then was I (call me Mary Beton, Mary Seton, Mary Carmichael or by any name you please — it is not a matter of any importance) sitting on the banks of a river a week or two ago in fine October weather, lost in thought. That collar I have spoken of, women and fiction, the need of coming to some conclusion on a subject that raises all sorts of prejudices and passions, bowed my head to the ground. To the right and left bushes of some sort, golden and crimson, glowed with the colour, even it seemed burnt with the heat, of fire. On the further bank the willows wept in perpetual lamentation, their hair about their shoulders. The river reflected whatever it chose of sky and bridge and burning tree, and when the undergraduate had oared his boat through the reflections they closed again, completely, as if he had never been. There one might have sat the clock round lost in thought. Thought — to call it by a prouder name than it deserved — had let its line down into the stream. It swayed, minute after minute,

por mostrarles cómo he llegado a esta opinión sobre la habitación y el dinero. Voy a desarrollar en su presencia, tan completa y libremente como pueda, la línea de pensamiento que me llevó a pensar esto. Tal vez si pongo al descubierto las ideas, los prejuicios, que se esconden detrás de esta afirmación descubrirán que tienen alguna relación con las mujeres y con la ficción. En cualquier caso, cuando un tema es muy controvertido —y cualquier cuestión acerca del sexo lo es— no se puede esperar decir la verdad. Sólo se puede mostrar cómo se ha llegado a tener la opinión que se tiene. Sólo se puede dar al público la oportunidad de sacar sus propias conclusiones al observar las limitaciones, los prejuicios y la idiosincrasia del orador. En este caso, es probable que la ficción contenga más verdad que los hechos. Por lo tanto, me propongo, haciendo uso de todas las libertades y licencias de una novelista, contarles la historia de los dos días que precedieron a mi venida aquí: cómo, doblegada por el peso del tema que ustedes han puesto sobre mis hombros, reflexioné sobre él y lo puse en funcionamiento dentro y fuera de mi vida cotidiana. No necesito decir que lo que voy a describir no tiene existencia; Oxbridge es una invención; también lo es Fernham; «yo» es sólo un término conveniente para alguien que no tiene un ser real. Las mentiras saldrán de mis labios, pero tal vez haya algo de verdad mezclada con ellas; son ustedes quienes deben buscar esa verdad y decidir si vale la pena conservar alguna parte de ella. Si no es así, por supuesto, ustedes tirarán todo a la papelera y se olvidarán de ello.

Aquí estaba yo (llámenme Mary Beton, Mary Seton, Mary Carmichael o por el nombre que quieran, no tiene ninguna importancia) sentada a orillas de un río, hace una o dos semanas, con el buen tiempo de octubre, perdida en mis pensamientos. Ese collar que me han colgado, las mujeres y la ficción, la necesidad de llegar a alguna conclusión sobre un tema que levanta todo tipo de prejuicios y pasiones, inclinaba mi cabeza hacia el suelo. Por un lado y por el otro, los arbustos de algún tipo, dorados y carmesí, brillaban en sus colores, incluso parecían quemados con el calor del fuego. En la otra orilla los sauces lloraban en perpetuo lamento, con sus cabellos sobre los hombros. El río reflejaba lo que quería del cielo y del puente y del árbol en llamas, y cuando el estudiante había remado su barca a través de los reflejos, estos reflejos se cerraban de nuevo, completamente, como si él nunca hubiera estado allí. Una podría haber estado sentada todo el tiempo perdida en sus pensamientos. El pensamiento —

hither and thither among the reflections and the weeds, letting the water lift it and sink it until — you know the little tug — the sudden conglomeration of an idea at the end of one's line: and then the cautious hauling of it in, and the careful laying of it out? Alas, laid on the grass how small, how insignificant this thought of mine looked; the sort of fish that a good fisherman puts back into the water so that it may grow fatter and be one day worth cooking and eating. I will not trouble you with that thought now, though if you look carefully you may find it for yourselves in the course of what I am going to say.

But however small it was, it had, nevertheless, the mysterious property of its kind — put back into the mind, it became at once very exciting, and important; and as it darted and sank, and flashed hither and thither, set up such a wash and tumult of ideas that it was impossible to sit still. It was thus that I found myself walking with extreme rapidity across a grass plot. Instantly a man's figure rose to intercept me. Nor did I at first understand that the gesticulations of a curious-looking object, in a cut-away coat and evening shirt, were aimed at me. His face expressed horror and indignation. Instinct rather than reason came to my help, he was a Beadle; I was a woman. This was the turf; there was the path. Only the Fellows and Scholars are allowed here; the gravel is the place for me. Such thoughts were the work of a moment. As I regained the path the arms of the Beadle sank, his face assumed its usual repose, and though turf is better walking than gravel, no very great harm was done. The only charge I could bring against the Fellows and Scholars of whatever the college might happen to be was that in protection of their turf, which has been rolled for 300 years in succession they had sent my little fish into hiding.

What idea it had been that had sent me so audaciously trespassing I could not now remember. The spirit of peace descended like a cloud from heaven, for if the spirit of peace dwells anywhere, it is in the courts and quadrangles of Oxbridge on a fine October morning. Strolling through those colleges past those ancient halls the roughness of the present seemed smoothed away; the body seemed con-

para llamarlo con un nombre más orgulloso de lo que merece— había hundido su caña en la corriente. Se balanceaba, minuto tras minuto, de un lado a otro entre los reflejos y la maleza, dejando que el agua lo levantara y lo hundiera hasta que... ¿conocen el pequeño tirón... la repentina aglomeración de una idea en el extremo de la línea y luego el cauteloso arrastre de la misma, y luego tender la presa cuidadosamente? Ay, puesto sobre la hierba, qué pequeño, qué insignificante parecía este pensamiento mío; el tipo de pez que un buen pescador devuelve al agua para que engorde y sea un día digno de ser cocinado y comido. No les molestaré ahora con ese pensamiento, aunque si se fijan bien podrán encontrarlo por sí mismas en el curso de lo que voy a decir.

Pero, por pequeño que fuera, tenía, sin embargo, la misteriosa propiedad que caracteriza a su clase: al volver a la mente se volvía a la vez muy excitante e importante; y mientras se lanzaba y se hundía, y relampagueaba de un lado a otro, se producía tal flujo y tumulto de ideas que me era imposible quedarme quieta. Fue así como me encontré caminando con extrema rapidez por una parcela de hierba. Al instante, la figura de un hombre se levantó para interceptarme. Al principio no comprendí que los gestos de un objeto de aspecto curioso, con un chaqué y camisa de etiqueta, iban dirigidos a mí. Su rostro expresaba horror e indignación. El instinto, más que la razón, acudió en mi ayuda: él era un bedel; yo, una mujer. Este era el césped; allí estaba el camino. Aquí sólo se permite a los Fellows y Scholars; la grava es el lugar para mí. Tales pensamientos me vinieron rápidamente. Cuando recuperé el camino, los brazos del mayordomo cayeron, su rostro adoptó su habitual reposo, y aunque el césped es mejor para caminar que la grava, no había pasado nada. La única acusación que podía presentar contra los Fellows y Scholars de cualquier colegio que fuera era que, en su afán por proteger su césped, que ha sido apisonado durante trescientos años seguidos, habían hecho esconderse a mi pececito.

Ahora no puedo recordar qué idea me había llevado a invadir tan audazmente el terreno. El espíritu de paz descendió como una nube del cielo, porque si el espíritu de paz habita en algún lugar, es en los patios y cuadriláteros de Oxbridge en una hermosa mañana de octubre. Paseando por esos colegios, pasando por esos antiguos salones, las asperezas del presente parecían suavizadas; el cuerpo parecía

tained in a miraculous glass cabinet through which no sound could penetrate, and the mind, freed from any contact with facts (unless one trespassed on the turf again), was at liberty to settle down upon whatever meditation was in harmony with the moment. As chance would have it, some stray memory of some old essay about revisiting Oxbridge in the long vacation brought Charles Lamb to mind — Saint Charles, said Thackeray, putting a letter of Lamb's to his forehead. Indeed, among all the dead (I give you my thoughts as they came to me), Lamb is one of the most congenial; one to whom one would have liked to say, Tell me then how you wrote your essays? For his essays are superior even to Max Beerbohm's, I thought, with all their perfection, because of that wild flash of imagination, that lightning crack of genius in the middle of them which leaves them flawed and imperfect, but starred with poetry. Lamb then came to Oxbridge perhaps a hundred years ago. Certainly he wrote an essay — the name escapes me — about the manuscript of one of Milton's poems which he saw here. It was *Lycidas* perhaps, and Lamb wrote how it shocked him to think it possible that any word in *Lycidas* could have been different from what it is. To think of Milton changing the words in that poem seemed to him a sort of sacrilege. This led me to remember what I could of *Lycidas* and to amuse myself with guessing which word it could have been that Milton had altered, and why. It then occurred to me that the very manuscript itself which Lamb had looked at was only a few hundred yards away, so that one could follow Lamb's footsteps across the quadrangle to that famous library where the treasure is kept. Moreover, I recollected, as I put this plan into execution, it is in this famous library that the manuscript of Thackeray's *Esmond* is also preserved. The critics often say that *Esmond* is Thackeray's most perfect novel. But the affectation of the style, with its imitation of the eighteenth century, hampers one, so far as I can remember; unless indeed the eighteenth-century style was natural to Thackeray — a fact that one might prove by looking at the manuscript and seeing whether the alterations were for the benefit of the style or of the sense. But then one would have to decide what is style and what is meaning, a question which — but here I was actually at the door which leads into the library itself. I must have opened it, for instantly there issued, like a guardian angel barring the way with a flutter of black gown instead of white wings, a deprecating, silvery, kindly gentleman, who regretted in a low voice as he waved me back that ladies are only admitted to the library if accompanied by a Fellow of

contenido en una milagrosa vitrina a través de la cual ningún sonido podía penetrar y la mente, liberada de cualquier contacto con los
hechos (a menos que una se adentrara de nuevo en el césped), tenía
la libertad de instalarse en cualquier meditación que estuviera en
armonía con el momento. Por casualidad, algún recuerdo perdido
de algún viejo ensayo sobre la vuelta a Oxbridge tras las largas va-
caciones me trajo a la mente a Charles Lamb —«San Charles», dijo
Thackeray, poniéndose una carta de Lamb en la frente. De hecho, de
todos los muertos (les cuento mis pensamientos tal y como me vinieron a la mente), Lamb es uno de los más simpáticos; alguien a
quién me hubiera gustado decirle: «¿Dígame, entonces, cómo escribió sus ensayos?». Porque sus ensayos son superiores incluso a los
de Max Beerbohm, pensé, con toda su perfección, por ese destello
salvaje de la imaginación, esa grieta fulgurante de genio en medio
de ellos que los convierte en defectuosos e imperfectos, pero mar-
cados por la poesía. Lamb llegó a Oxbridge hace quizás cien años.
Ciertamente escribió un ensayo —el nombre se me escapa— sobre el
manuscrito de uno de los poemas de Milton que vio aquí. Era *Licidas*
quizás y Lamb escribió cómo le impactó pensar que era imposible
que cualquier palabra en *Licidas* pudiera haber sido diferente. Pensar
que Milton cambiara las palabras de ese poema le parecía una especie de sacrilegio. Esto me llevó a recordar lo que podía de *Licidas* y a
entretenerme en adivinar qué palabra podría haber sido la que Milton hubiera alterado y por qué. Entonces se me ocurrió que el propio
manuscrito que Lamb había mirado estaba a sólo unos cientos de
yardas, de modo que uno podía seguir los pasos de Lamb a través del
cuadrilátero hasta esa famosa biblioteca donde se guarda el tesoro.
Además, recordé, mientras ponía en práctica este plan, es en esta famosa biblioteca donde también se conserva el manuscrito de *Esmond*
de Thackeray. Los críticos suelen decir que *Esmond* es la novela más
perfecta de Thackeray. Pero la afectación del estilo, con su imitación
del siglo XVIII, la entorpece, por lo que puedo recordar; a menos que,
en efecto, el estilo del siglo XVIII fuera natural a Thackeray —hecho
que una podría probar mirando el manuscrito y viendo si las altera-
ciones beneficiaron el estilo o el sentido. Pero entonces habría que
decidir qué es estilo y qué es sentido, una cuestión que... pero aquí
estaba ya en la puerta que lleva a la propia biblioteca. Debí abrirla,
porque al instante apareció, como un ángel de la guarda que me ce-
rraba el paso con un aleteo de bata negra en lugar de alas blancas, un
caballero disgustado, plateado y amable, que lamentó comunicarme,

the College or furnished with a letter of introduction.

That a famous library has been cursed by a woman is a matter of complete indifference to a famous library. Venerable and calm, with all its treasures safe locked within its breast, it sleeps complacently and will, so far as I am concerned, so sleep for ever. Never will I wake those echoes, never will I ask for that hospitality again, I vowed as I descended the steps in anger. Still an hour remained before luncheon, and what was one to do? Stroll on the meadows? sit by the river? Certainly it was a lovely autumn morning; the leaves were fluttering red to the ground; there was no great hardship in doing either. But the sound of music reached my ear. Some service or celebration was going forward. The organ complained magnificently as I passed the chapel door. Even the sorrow of Christianity sounded in that serene air more like the recollection of sorrow than sorrow itself; even the groanings of the ancient organ seemed lapped in peace. I had no wish to enter had I the right, and this time the verger might have stopped me, demanding perhaps my baptismal certificate, or a letter of introduction from the Dean. But the outside of these magnificent buildings is often as beautiful as the inside. Moreover, it was amusing enough to watch the congregation assembling, coming in and going out again, busying themselves at the door of the chapel like bees at the mouth of a hive. Many were in cap and gown; some had tufts of fur on their shoulders; others were wheeled in bath-chairs; others, though not past middle age, seemed creased and crushed into shapes so singular that one was reminded of those giant crabs and crayfish who heave with difficulty across the sand of an aquarium. As I leant against the wall the University indeed seemed a sanctuary in which are preserved rare types which would soon be obsolete if left to fight for existence on the pavement of the Strand. Old stories of old deans and old dons came back to mind, but before I had summoned up courage to whistle — it used to be said that at the sound of a whistle old Professor—— instantly broke into a gallop — the venerable congregation had gone inside. The outside of the chapel remained. As you know, its high domes and pinnacles can be seen, like a sailing-ship always voyaging never arriving, lit up at night and visible for miles, far away across the hills. Once, presumably, this quadrangle with its smooth lawns, its massive buildings and the chapel itself was

en voz baja, mientras me hacía señas que retrocediera, que las damas sólo pueden entrar si van acompañadas de un Fellow del College o si tienen una carta de presentación.

Que una biblioteca famosa haya sido maldecida por una mujer es un asunto de completa indiferencia para una biblioteca famosa. Venerable y tranquila, con todos sus tesoros a salvo en su seno, duerme complaciente y, por lo que a mí respecta, dormirá así para siempre. Nunca despertaré esos ecos, nunca volveré a pedir esa hospitalidad, me prometí mientras bajaba los escalones con rabia. Todavía faltaba una hora para el almuerzo y ¿qué podía hacer una? ¿Pasear por los prados? ¿Sentarse junto al río? Ciertamente era una hermosa mañana de otoño; las hojas revoloteaban rojas en el suelo; no había gran dificultad en hacer cualquiera de las dos cosas. Pero el sonido de la música llegó a mis oídos. Algún servicio o celebración se estaba llevando a cabo. El órgano se quejó magníficamente cuando pasé por la puerta de la capilla. Incluso el dolor del cristianismo sonaba en aquel aire sereno más como el recuerdo de un dolor que como el dolor mismo; incluso los gemidos del antiguo órgano parecían bañados de paz. No tenía ningún deseo de entrar aunque tuviera derecho y esta vez el sacristán podría haberme detenido, exigiendo quizás mi certificado de bautismo o una carta de presentación del decano. Pero el exterior de estos magníficos edificios suele ser tan hermoso como el interior. Además, era bastante divertido ver a la congregación reunida, entrando y saliendo de nuevo, afanándose en la puerta de la capilla como abejas en la entrada de una colmena. Muchos llevaban toga y birrete; algunos tenían trozos de piel sobre los hombros; otros se desplazaban en sillas de ruedas; otros, aunque no pasaban de la mediana edad, parecían arrugados y aplastados en formas tan singulares que le recordaban a una a esos cangrejos de mar y de río gigantes que se arrastran con dificultad por la arena de un acuario. Mientras me apoyaba en la pared la Universidad me parecía un santuario en el que se conservan especies raras que pronto quedarían obsoletas si se las dejara luchar por la existencia en el pavimento de la calle Strand. Me vinieron a la mente viejas historias de antiguos decanos y antiguos profesores pero, antes de que me armara de valor para silbar —se decía que al oír un silbido un viejo profesor se largaba al instante a galopar—, la venerable congregación había entrado. El exterior de la capilla permaneció intacto. Como saben, sus altas cúpulas y pináculos pueden verse, como un velero que siempre viaja

marsh too, where the grasses waved and the swine rootled. Teams of horses and oxen, I thought, must have hauled the stone in wagons from far countries, and then with infinite labour the grey blocks in whose shade I was now standing were poised in order one on top of another, and then the painters brought their glass for the windows, and the masons were busy for centuries up on that roof with putty and cement, spade and trowel. Every Saturday somebody must have poured gold and silver out of a leathern purse into their ancient fists, for they had their beer and skittles presumably of an evening. An unending stream of gold and silver, I thought, must have flowed into this court perpetually to keep the stones coming and the masons working; to level, to ditch, to dig and to drain. But it was then the age of faith, and money was poured liberally to set these stones on a deep foundation, and when the stones were raised, still more money was poured in from the coffers of kings and queens and great nobles to ensure that hymns should be sung here and scholars taught. Lands were granted; tithes were paid. And when the age of faith was over and the age of reason had come, still the same flow of gold and silver went on; fellowships were founded; lectureships endowed; only the gold and silver flowed now, not from the coffers of the king but from the chests of merchants and manufacturers, from the purses of men who had made, say, a fortune from industry, and returned, in their wills, a bounteous share of it to endow more chairs, more lectureships, more fellowships in the university where they had learnt their craft. Hence the libraries and laboratories; the observatories; the splendid equipment of costly and delicate instruments which now stands on glass shelves, where centuries ago the grasses waved and the swine rootled. Certainly, as I strolled round the court, the foundation of gold and silver seemed deep enough; the pavement laid solidly over the wild grasses. Men with trays on their heads went busily from staircase to staircase. Gaudy blossoms flowered in window-boxes. The strains of the gramophone blared out from the rooms within. It was impossible not to reflect — the reflection whatever it may have been was cut short. The clock struck; it was time to find one's way to luncheon.

y nunca llega, iluminados por la noche y visibles a millas de distancia a través de las colinas. En otro tiempo, presumiblemente, este cuadrilátero con sus suaves céspedes, sus enormes edificios y la propia capilla fueron un pantano, donde los pastos se agitaban y los cerdos hociqueaban. Pensé que las cuadrillas de caballos y bueyes debían de haber transportado la piedra en carros desde países lejanos, y luego, con infinito trabajo, los bloques grises a cuya sombra me encontraba ahora fueron colocados en orden, unos sobre otros, y luego los pintores trajeron sus cristales para las ventanas, y los albañiles se ocuparon durante siglos de aquel tejado con masilla y cemento, pala y paleta. Cada sábado, alguien debía verter oro y plata de un monedero de cuero en sus antiguos puños, ya que presumiblemente ellos tenían su cerveza y sus partidas de bolos por la noche. Un flujo interminable de oro y plata, pensé, debió de fluir en este patio perpetuamente para mantener la llegada de las piedras y el trabajo de los albañiles; para nivelar, para zanjar, para cavar y para drenar. Pero era entonces la época de la fe, y el dinero se derramó generosamente para colocar estas piedras sobre unos cimientos profundos, y cuando las piedras se levantaron, se derramó aún más dinero de las arcas de los reyes y reinas y de los grandes nobles para asegurar que aquí se cantaran himnos y se enseñara a los eruditos. Se concedieron tierras; se pagaron diezmos. Y cuando la edad de la fe terminó y llegó la edad de la razón, continuó el mismo flujo de oro y plata; se crearon becas; se dotaron cátedras; sólo que ahora el oro y la plata fluían, no de las arcas del rey, sino de los cofres de los comerciantes y fabricantes, de los bolsos de los hombres que habían hecho, digamos, una fortuna con la industria, y devolvían, en sus testamentos, una generosa parte para dotar más cátedras, más conferencias, más becas en la universidad donde habían aprendido su oficio. De ahí las bibliotecas y los laboratorios; los observatorios; el espléndido equipo de costosos y delicados instrumentos que ahora se encuentran en estantes de cristal, donde hace siglos ondeaban las hierbas y hociqueaban los cerdos. Ciertamente, mientras paseaba por el patio, los cimientos de oro y plata parecían bastante profundos; el pavimento se extendía sólidamente sobre las hierbas silvestres. Los hombres con bandejas en la cabeza se afanaban de escalera en escalera. En los jardines florecían llamativas flores. Los acordes del gramófono sonaban desde las habitaciones. Era imposible no reflexionar... la reflexión, fuera cual fuera, se interrumpió. El reloj sonaba; era hora de ir a almorzar.

It is a curious fact that novelists have a way of making us believe that luncheon parties are invariably memorable for something very witty that was said, or for something very wise that was done. But they seldom spare a word for what was eaten. It is part of the novelist's convention not to mention soup and salmon and ducklings, as if soup and salmon and ducklings were of no importance whatsoever, as if nobody ever smoked a cigar or drank a glass of wine. Here, however, I shall take the liberty to defy that convention and to tell you that the lunch on this occasion began with soles, sunk in a deep dish, over which the college cook had spread a counterpane of the whitest cream, save that it was branded here and there with brown spots like the spots on the flanks of a doe. After that came the partridges, but if this suggests a couple of bald, brown birds on a plate you are mistaken. The partridges, many and various, came with all their retinue of sauces and salads, the sharp and the sweet, each in its order; their potatoes, thin as coins but not so hard; their sprouts, foliated as rosebuds but more succulent. And no sooner had the roast and its retinue been done with than the silent servingman, the Beadle himself perhaps in a milder manifestation, set before us, wreathed in napkins, a confection which rose all sugar from the waves. To call it pudding and so relate it to rice and tapioca would be an insult. Meanwhile the wineglasses had flushed yellow and flushed crimson; had been emptied; had been filled. And thus by degrees was lit, half-way down the spine, which is the seat of the soul, not that hard little electric light which we call brilliance, as it pops in and out upon our lips, but the more profound, subtle and subterranean glow which is the rich yellow flame of rational intercourse. No need to hurry. No need to sparkle. No need to be anybody but oneself. We are all going to heaven and Vandyck is of the company — in other words, how good life seemed, how sweet its rewards, how trivial this grudge or that grievance, how admirable friendship and the society of one's kind, as, lighting a good cigarette, one sunk among the cushions in the window-seat.

If by good luck there had been an ash-tray handy, if one had not knocked the ash out of the window in default, if things had been a little different from what they were, one would not have seen, presumably, a cat without a tail. The sight of that abrupt and truncated

Es curioso que los novelistas nos hagan creer que los almuerzos son siempre memorables por algo muy ingenioso que se dijo o por algo muy sabio que se hizo. Pero rara vez se habla de lo que se ha comido. Es parte de la convención del novelista no mencionar la sopa y el salmón y los patos, como si la sopa y el salmón y los patos no tuvieran ninguna importancia, como si nadie fumara un puro o bebiera un vaso de vino. Aquí, sin embargo, me tomaré la libertad de desafiar esa convención y decirles que el almuerzo en esta ocasión comenzó con lenguados, hundidos en un plato hondo, sobre el cual el cocinero del colegio había extendido un colchón de la crema más blanca, salvo que estaba marcado aquí y allá con manchas marrones como las manchas de los flancos de un ciervo. Después vinieron las perdices, pero si esto sugiere un par de pájaros calvos y marrones en un plato se equivocan. Las perdices, muchas y variadas, venían con todo su séquito de salsas y ensaladas, las punzantes y las dulces, cada una en su orden; sus patatas, finas como monedas pero no tan duras; sus coles de Bruselas, foliadas como capullos de rosa pero más suculentas. Y apenas terminado el asado y su séquito, el silencioso sirviente, el mismo bedel quizás pero en una manifestación más tenue, puso ante nosotros, envuelto en servilletas, un dulce que se elevaba, todo de azúcar, de las olas. Llamarlo pudín y relacionarlo con el arroz y la tapioca sería un insulto. Mientras tanto, las copas de vino se habían teñido de amarillo y carmesí; se habían vaciado; se habían llenado. Y así, por grados, se encendió, a mitad de camino de la columna vertebral, que es la sede del alma, no esa pequeña y dura luz eléctrica que llamamos brillo, cuando aparece y desaparece en nuestros labios, sino el resplandor más profundo, sutil y subterráneo que es la rica llama amarilla de la conversación racional. No hay necesidad de apresurarse. No hay necesidad de brillar. No hace falta ser nadie más que uno mismo. Todos vamos a ir al cielo y Van Dyck es parte de la compañía; es decir, lo buena que parecía la vida, lo dulce de sus recompensas, lo trivial de este rencor o de aquel agravio, lo admirable de la amistad y de la sociedad de sus semejantes; mientras, encendiendo un buen cigarrillo, una se hundía entre los cojines del asiento de la ventana.

Si por suerte hubiera habido un cenicero a mano, si una no hubiera tenido que tirar la ceniza por la ventana por necesidad, si las cosas hubieran sido un poco diferentes de lo que eran, una no habría visto, presumiblemente, un gato sin cola. La visión de aquel animal abrup-

animal padding softly across the quadrangle changed by some fluke of the subconscious intelligence the emotional light for me. It was as if someone had let fall a shade. Perhaps the excellent hock was relinquishing its hold. Certainly, as I watched the Manx cat pause in the middle of the lawn as if it too questioned the universe, something seemed lacking, something seemed different. But what was lacking, what was different, I asked myself, listening to the talk? And to answer that question I had to think myself out of the room, back into the past, before the war indeed, and to set before my eyes the model of another luncheon party held in rooms not very far distant from these; but different. Everything was different. Meanwhile the talk went on among the guests, who were many and young, some of this sex, some of that; it went on swimmingly, it went on agreeably, freely, amusingly. And as it went on I set it against the background of that other talk, and as I matched the two together I had no doubt that one was the descendant, the legitimate heir of the other. Nothing was changed; nothing was different save only here I listened with all my ears not entirely to what was being said, but to the murmur or current behind it. Yes, that was it — the change was there. Before the war at a luncheon party like this people would have said precisely the same things but they would have sounded different, because in those days they were accompanied by a sort of humming noise, not articulate, but musical, exciting, which changed the value of the words themselves. Could one set that humming noise to words? Perhaps with the help of the poets one could. A book lay beside me and, opening it, I turned casually enough to Tennyson. And here I found Tennyson was singing:

There has fallen a splendid tear
From the passion-flower at the gate.
She is coming, my dove, my dear;
She is coming, my life, my fate;
The red rose cries, 'She is near, she is near';
And the white rose weeps, 'She is late';
The larkspur listens, 'I hear, I hear';
And the lily whispers, 'I wait.'

Was that what men hummed at luncheon parties before the war? And the women?

to y truncado que se paseaba, pisando suavemente por el cuadrilátero, cambió por alguna casualidad la luz emocional de la inteligencia subconsciente en mí. Era como si alguien hubiera dejado caer una sombra. Tal vez el excelente vino del Rin estaba renunciando a su dominio. Ciertamente, mientras observaba al gato Manx detenerse en medio del césped como si también cuestionara el universo, algo parecía faltar, algo parecía diferente. Pero ¿qué le faltaba, qué era diferente, me pregunté al escuchar la charla? Y para responder a esa pregunta tuve que pensar en mí misma fuera de la sala, en el pasado, antes de la guerra por cierto, y poner ante mis ojos el modelo de otro almuerzo celebrado en salones no muy lejanos a estos; pero diferentes. Todo era diferente. Mientras tanto, la conversación se desarrollaba entre los invitados, que eran muchos y jóvenes, algunos de este sexo, otros de aquel; se desarrollaba de forma agradable, libre y divertida. Y a medida que avanzaba, la situé sobre el fondo de aquella otra charla, y al comparar las dos no tuve ninguna duda de que una era la descendiente, la heredera legítima de la otra. Nada había cambiado; nada era diferente, salvo que aquí escuchaba con todos mis oídos no del todo lo que se decía, sino el murmullo o la corriente que había detrás. Sí, eso era... ahí estaba el cambio. Antes de la guerra, en un almuerzo como éste, la gente habría dicho exactamente las mismas cosas, pero habrían sonado diferentes, porque en aquellos días iban acompañadas de una especie de zumbido, no articulado, sino musical, emocionante, que cambiaba el valor de las propias palabras. ¿Se podía poner en palabras ese zumbido? Tal vez con la ayuda de los poetas se podría. Había un libro a mi lado y, al abrirlo, encontré casualmente que era de Tennyson. Y aquí descubrí que Tennyson estaba cantando:

Ha caído una espléndida lágrima
de la flor de la pasión en la puerta.
Ella viene, mi paloma, mi querida;
ella viene, mi vida, mi destino;
la rosa roja grita: «Está cerca, está cerca»;
y la rosa blanca llora, «Llega tarde»;
la espuela de caballero escucha, «Yo escucho, escucho»;
y el lirio susurra, «Yo espero».

¿Era eso lo que tarareaban los hombres en los almuerzos antes de la guerra? ¿Y las mujeres?

My heart is like a singing bird
Whose nest is in a water'd shoot;
My heart is like an apple tree
Whose boughs are bent with thick-set fruit,
My heart is like a rainbow shell
That paddles in a halcyon sea;
My heart is gladder than all these
Because my love is come to me.

Was that what women hummed at luncheon parties before the war?

There was something so ludicrous in thinking of people humming such things even under their breath at luncheon parties before the war that I burst out laughing and had to explain my laughter by pointing at the Manx cat, who did look a little absurd, poor beast, without a tail, in the middle of the lawn. Was he really born so, or had he lost his tail in an accident? The tailless cat, though some are said to exist in the Isle of Man, is rarer than one thinks. It is a queer animal, quaint rather than beautiful. It is strange what a difference a tail makes — you know the sort of things one says as a lunch party breaks up and people are finding their coats and hats.

This one, thanks to the hospitality of the host, had lasted far into the afternoon. The beautiful October day was fading and the leaves were falling from the trees in the avenue as I walked through it. Gate after gate seemed to close with gentle finality behind me. Innumerable beadles were fitting innumerable keys into well-oiled locks; the treasure-house was being made secure for another night. After the avenue one comes out upon a road — I forget its name — which leads you, if you take the right turning, along to Fernham. But there was plenty of time. Dinner was not till half-past seven. One could almost do without dinner after such a luncheon. It is strange how a scrap of poetry works in the mind and makes the legs move in time to it along the road. Those words——

There has fallen a splendid tear
From the passion-flower at the gate.

Mi corazón es como un pájaro que canta
cuyo nido está en un brote de agua;
mi corazón es como un manzano
cuyas ramas están dobladas con frutos gruesos,
mi corazón es como una concha de arco iris
que rema en un mar de ensueño;
mi corazón está más contento que todos ellos
porque mi amor ha llegado a mí.

¿Era eso lo que tarareaban las mujeres en los almuerzos antes de la guerra?

Era tan ridículo pensar que la gente tarareaba esas cosas incluso en voz baja en los almuerzos de antes de la guerra, que me eché a reír y tuve que explicar mi risa señalando al gato Manx, que parecía un poco absurdo, pobre bestia, sin cola, en medio del césped. ¿Realmente había nacido así o había perdido la cola en un accidente? El gato sin cola, aunque se dice que existen algunos en la Isla de Man, es más raro de lo que se piensa. Es un animal extraño, más pintoresco que hermoso. Es extraña la diferencia que supone una cola; ya saben, el tipo de cosas que se dicen cuando se termina una comida y la gente busca sus abrigos y sombreros.

Ésta, gracias a la hospitalidad del anfitrión, había durado hasta bien entrada la tarde. El hermoso día de octubre se estaba desvaneciendo y las hojas caían de los árboles de la avenida mientras yo la atravesaba. Una puerta tras otra parecían cerrarse con suave finalidad tras de mí. Innumerables bedeles ajustaban innumerables llaves en cerraduras bien engrasadas; la casa del tesoro se protegía para otra noche. Después de la avenida una sale a un camino —olvidé su nombre— que lleva, si tuercen donde se debe, a Fernham. Pero había tiempo de sobra. La cena no empezaba hasta las siete y media. Una casi podría prescindir de la cena después de semejante almuerzo. Es extraño cómo un trozo de poesía actúa en la mente y hace que las piernas se muevan al compás de ella a lo largo del camino. Esas palabras...

Ha caído una espléndida lágrima
de la flor de la pasión en la puerta.

She is coming, my dove, my dear——

sang in my blood as I stepped quickly along towards Headingley. And then, switching off into the other measure, I sang, where the waters are churned up by the weir:

My heart is like a singing bird
Whose nest is in a water'd shoot;
My heart is like an apple tree...

What poets, I cried aloud, as one does in the dusk, what poets they were!

In a sort of jealousy, I suppose, for our own age, silly and absurd though these comparisons are, I went on to wonder if honestly one could name two living poets now as great as Tennyson and Christina Rossetti were then. Obviously it is impossible, I thought, looking into those foaming waters, to compare them. The very reason why that poetry excites one to such abandonment, such rapture, is that it celebrates some feeling that one used to have (at luncheon parties before the war perhaps), so that one responds easily, familiarly, without troubling to check the feeling, or to compare it with any that one has now. But the living poets express a feeling that is actually being made and torn out of us at the moment. One does not recognize it in the first place; often for some reason one fears it; one watches it with keenness and compares it jealously and suspiciously with the old feeling that one knew. Hence the difficulty of modern poetry; and it is because of this difficulty that one cannot remember more than two consecutive lines of any good modern poet. For this reason — that my memory failed me — the argument flagged for want of material. But why, I continued, moving on towards Headingley, have we stopped humming under our breath at luncheon parties? Why has Alfred ceased to sing

She is coming, my dove, my dear.

Why has Christina ceased to respond

My heart is gladder than all these

Ella viene, mi paloma, mi querida...

cantaron en mi sangre mientras avanzaba rápidamente hacia Headingley. Y luego, cambiando al otro compás, canté, donde las aguas se agitan por la presa:

Mi corazón es como un pájaro que canta
cuyo nido está en un brote de agua;
mi corazón es como un manzano...

¡Qué poetas, grité en voz alta, como se hace en el crepúsculo, qué poetas eran esos!

En una especie de envidia, supongo, por nuestra propia época, por muy tontas y absurdas que sean estas comparaciones, pasé a preguntarme si honestamente se podrían nombrar dos poetas vivos tan grandes como lo fueron Tennyson y Christina Rossetti entonces. Evidentemente, es imposible —pensé, mirando a esas aguas espumosas— compararlos. La razón misma por la que esa poesía la excita a una a tal abandono, a tal arrebato, es que celebra algún sentimiento que una solía tener (en los almuerzos de antes de la guerra, tal vez), de modo que una responde fácilmente, familiarmente, sin preocuparse de comprobar el sentimiento, o de compararlo con cualquiera que una tenga ahora. Pero los poetas vivos expresan un sentimiento que se está gestando y arrancando de nosotras en este momento. Una no lo reconoce en primer lugar; a menudo, por alguna razón, lo teme; lo observa con agudeza y lo compara celosa y sospechosamente con el antiguo sentimiento que conocía. De ahí la dificultad de la poesía moderna; y es por esta dificultad que una no puede recordar más de dos versos consecutivos de cualquier buen poeta moderno. Por esta razón —que mi memoria me fallaba— el argumento flaqueó por falta de material. Pero ¿por qué, continué, avanzando hacia Headingley, hemos dejado de tararear en voz baja en los almuerzos? ¿Por qué Alfred ha dejado de cantar

Ella viene, mi paloma, mi querida?

¿Por qué Christina ha dejado de responder

Mi corazón está más contento que todos ellos

Because my love is come to me?

Shall we lay the blame on the war? When the guns fired in August 1914, did the faces of men and women show so plain in each other's eyes that romance was killed? Certainly it was a shock (to women in particular with their illusions about education, and so on) to see the faces of our rulers in the light of the shell-fire. So ugly they looked — German, English, French — so stupid. But lay the blame where one will, on whom one will, the illusion which inspired Tennyson and Christina Rossetti to sing so passionately about the coming of their loves is far rarer now than then. One has only to read, to look, to listen, to remember. But why say 'blame'? Why, if it was an illusion, not praise the catastrophe, whatever it was, that destroyed illusion and put truth in its place? For truth...those dots mark the spot where, in search of truth, I missed the turning up to Fernham. Yes indeed, which was truth and which was illusion? I asked myself. What was the truth about these houses, for example, dim and festive now with their red windows in the dusk, but raw and red and squalid, with their sweets and their bootlaces, at nine o'clock in the morning? And the willows and the river and the gardens that run down to the river, vague now with the mist stealing over them, but gold and red in the sunlight — which was the truth, which was the illusion about them? I spare you the twists and turns of my cogitations, for no conclusion was found on the road to Headingley, and I ask you to suppose that I soon found out my mistake about the turning and retraced my steps to Fernham.

As I have said already that it was an October day, I dare not forfeit your respect and imperil the fair name of fiction by changing the season and describing lilacs hanging over garden walls, crocuses, tulips and other flowers of spring. Fiction must stick to facts, and the truer the facts the better the fiction — so we are told. Therefore it was still autumn and the leaves were still yellow and falling, if anything, a little faster than before, because it was now evening (seven twenty-three to be precise) and a breeze (from the south-west to be exact) had risen. But for all that there was something odd at work:

My heart is like a singing bird
Whose nest is in a water'd shoot;

porque mi amor ha llegado a mí?

¿Debemos culpar a la guerra? Cuando los cañones dispararon en agosto de 1914, ¿los rostros de hombres y mujeres se mostraron tan claramente a los ojos de los demás que el romance murió? Ciertamente, fue un shock (para las mujeres en particular, con sus ilusiones sobre la educación, etc.) ver los rostros de nuestros gobernantes a la luz de los disparos. Tenían un aspecto tan feo —los alemanes, los ingleses, los franceses—, tan estúpido. Pero, culpen a quien culpen, la ilusión que inspiró a Tennyson y a Christina Rossetti a cantar tan apasionadamente sobre la llegada de sus amores es mucho más rara ahora que entonces. Sólo hay que leer, mirar, escuchar, recordar. Pero, ¿por qué decir «culpa»? ¿Por qué, si era una ilusión, no alabar la catástrofe, sea cual sea, que destruyó la ilusión y puso la verdad en su lugar? Porque la verdad... esos puntos marcan el lugar donde, en busca de la verdad, me perdí la desviación hacia Fernham. Sí, efectivamente, ¿cuál era la verdad y cuál la ilusión? Me pregunté. ¿Cuál era la verdad de estas casas, por ejemplo, tenues y festivas ahora con sus ventanas rojas en el crepúsculo, pero crudas y rojas y escuálidas, con sus dulces y sus cordones de botas, a las nueve de la mañana? Y los sauces y el río y los jardines que bajan hasta el río, vagos ahora con la niebla rodando sobre ellos, pero dorados y rojos a la luz del sol... ¿cuál era la verdad, cuál la ilusión sobre ellos? Les ahorro las idas y venidas de mis cavilaciones, pues no se llegó a ninguna conclusión en el camino de Headingley, y les pido que supongan que pronto descubrí mi error sobre el desvío y volví sobre mis pasos hasta Fernham.

Como ya he dicho que era un día de octubre no me atrevo a perder su respeto ni a poner en peligro el buen nombre de la ficción cambiando de estación y describiendo lilas colgando de las paredes del jardín, azafranes, tulipanes y otras flores de primavera. La ficción debe ceñirse a los hechos y, cuanto más verdaderos sean los hechos, mejor será la ficción... según se nos dice. Por lo tanto, todavía era otoño y las hojas seguían siendo amarillas y caían, si acaso, un poco más rápido que antes, porque ya era de noche (siete y veintitrés para ser exactas) y se había levantado una brisa (del suroeste para ser exactas). Pero, a pesar de todo, algo extraño estaba ocurriendo:

Mi corazón es como un pájaro que canta
cuyo nido está en un brote de agua;

My heart is like an apple tree
Whose boughs are bent with thick-set fruit——

perhaps the words of Christina Rossetti were partly responsible for the folly of the fancy — it was nothing of course but a fancy — that the lilac was shaking its flowers over the garden walls, and the brimstone butterflies were scudding hither and thither, and the dust of the pollen was in the air. A wind blew, from what quarter I know not, but it lifted the half-grown leaves so that there was a flash of silver grey in the air. It was the time between the lights when colours undergo their intensification and purples and golds burn in window-panes like the beat of an excitable heart; when for some reason the beauty of the world revealed and yet soon to perish (here I pushed into the garden, for, unwisely, the door was left open and no beadles seemed about), the beauty of the world which is so soon to perish, has two edges, one of laughter, one of anguish, cutting the heart asunder. The gardens of Fernham lay before me in the spring twilight, wild and open, and in the long grass, sprinkled and carelessly flung, were daffodils and bluebells, not orderly perhaps at the best of times, and now wind-blown and waving as they tugged at their roots. The windows of the building, curved like ships' windows among generous waves of red brick, changed from lemon to silver under the flight of the quick spring clouds. Somebody was in a hammock, somebody, but in this light they were phantoms only, half guessed, half seen, raced across the grass — would no one stop her? — and then on the terrace, as if popping out to breathe the air, to glance at the garden, came a bent figure, formidable yet humble, with her great forehead and her shabby dress — could it be the famous scholar, could it be J—— H—— herself? All was dim, yet intense too, as if the scarf which the dusk had flung over the garden were torn asunder by star or sword — the gash of some terrible reality leaping, as its way is, out of the heart of the spring. For youth——

Here was my soup. Dinner was being served in the great dining-hall. Far from being spring it was in fact an evening in October. Everybody was assembled in the big dining-room. Dinner was ready. Here was the soup. It was a plain gravy soup. There was nothing to stir the fancy in that. One could have seen through the transparent

mi corazón es como un manzano
cuyas ramas están dobladas con frutos gruesos...

Tal vez las palabras de Christina Rossetti fueran en parte responsables de la locura de la fantasía —no era más que una fantasía, por
supuesto— de que la lila agitara sus flores sobre los muros del jardín,
y las mariposas de azufre se desplazaran de un lado a otro, y el polvo
del polen estuviera en el aire. Soplaba un viento, no sé de qué parte,
pero levantaba las hojas a medio crecer de modo que había un destello de gris plata en el aire. Era el momento entre dos luces en el que
los colores se intensifican y los morados y dorados arden en los cristales de las ventanas como el latido de un corazón excitado; cuando,
por alguna razón, la belleza del mundo que se revela y que pronto
perecerá (aquí me metí en el jardín, ya que, imprudentemente, la
puerta había sido dejada abierta y no había bedeles cerca), la belleza
del mundo que pronto perecerá, tiene dos aristas, una de risa y otra
de angustia, que cortan el corazón en dos. Los jardines de Fernham
se extendían ante mí en el crepúsculo primaveral, salvajes y abier-
tos, y en la larga hierba, esparcida y despreocupada, había narcisos y
campanillas, no ordenadas tal vez de la mejor manera, y ahora agita-
dos por el viento que tiraban de sus raíces. Las ventanas del edificio,
curvadas como ventanas de barco entre generosas olas de ladrillo
rojo, cambiaban de limón a plata bajo el vuelo de las rápidas nubes
de primavera. Alguien estaba en una hamaca, alguien, pero con esta
luz eran sólo fantasmas, medio adivinados, medio vistos, corría por
el césped —¿no lo detendría nadie?— y entonces en la terraza, como
si saliera a respirar el aire, a echar un vistazo al jardín, apareció una
figura encorvada, formidable y a la vez humilde, con su gran frente y
su vestido raído... ¿podría ser la famosa erudita, podría ser la propia
J... H...? Todo era tenue, pero también intenso, como si el pañuelo
que el crepúsculo había arrojado sobre el jardín fuera desgarrado
por una estrella o una espada... el tajo de alguna terrible realidad que
estalla, como de costrumbre, del corazón de la primavera. Porque la
juventud...

Aquí estaba mi sopa. La cena estaba siendo servida en el gran
comedor. Lejos de ser primavera era, en realidad, una noche de octubre. Todo el mundo estaba reunido en el gran comedor. La cena
estaba lista. Aquí estaba la sopa. Era un simple caldo de carne. No
había nada que despertara la fantasía en ella. Se podría haber visto

liquid any pattern that there might have been on the plate itself. But there was no pattern. The plate was plain. Next came beef with its attendant greens and potatoes — a homely trinity, suggesting the rumps of cattle in a muddy market, and sprouts curled and yellowed at the edge, and bargaining and cheapening and women with string bags on Monday morning. There was no reason to complain of human nature's daily food, seeing that the supply was sufficient and coal-miners doubtless were sitting down to less. Prunes and custard followed. And if anyone complains that prunes, even when mitigated by custard, are an uncharitable vegetable (fruit they are not), stringy as a miser's heart and exuding a fluid such as might run in misers' veins who have denied themselves wine and warmth for eighty years and yet not given to the poor, he should reflect that there are people whose charity embraces even the prune. Biscuits and cheese came next, and here the water-jug was liberally passed round, for it is the nature of biscuits to be dry, and these were biscuits to the core. That was all. The meal was over. Everybody scraped their chairs back; the swing-doors swung violently to and fro; soon the hall was emptied of every sign of food and made ready no doubt for breakfast next morning. Down corridors and up staircases the youth of England went banging and singing. And was it for a guest, a stranger (for I had no more right here in Fernham than in Trinity or Somerville or Girton or Newnham or Christchurch), to say, 'The dinner was not good,' or to say (we were now, Mary Seton and I, in her sitting-room), 'Could we not have dined up here alone?' for if I had said anything of the kind I should have been prying and searching into the secret economies of a house which to the stranger wears so fine a front of gaiety and courage. No, one could say nothing of the sort. Indeed, conversation for a moment flagged. The human frame being what it is, heart, body and brain all mixed together, and not contained in separate compartments as they will be no doubt in another million years, a good dinner is of great importance to good talk. One cannot think well, love well, sleep well, if one has not dined well. The lamp in the spine does not light on beef and prunes. We are all *probably* going to heaven, and Vandyck is, we *hope*, to meet us round the next corner — that is the dubious and qualifying state of mind that beef and prunes at the end of the day's work breed between them. Happily my friend, who taught science, had a cupboard where there was a squat bottle and little glasses — (but there should have been sole and partridge to begin with) — so that we were able to draw up to the fire and repair

a través del líquido transparente cualquier dibujo que pudiera haber en el propio plato. Pero no había ningún dibujo. El plato era sencillo. A continuación venía la carne de res con sus verduras y patatas, una trinidad hogareña que sugería los rabos del ganado en un mercado fangoso, y los brotes rizados y amarillentos en el borde, y el regateo y las ofertas y las mujeres con bolsas de red el lunes por la mañana. No había razón para quejarse de la comida diaria natural a los humanos, ya que el suministro era suficiente y los mineros del carbón sin duda tenían menos para comer en su mesa. Siguieron las ciruelas pasas y las natillas. Y si alguien se queja de que las ciruelas, incluso mitigadas por las natillas, son una hortaliza poco caritativa (no son una fruta), fibrosa como el corazón de un avaro y que exuda un fluido como el que podría correr por las venas de los avaros que se han negado a sí mismos el vino y el calor durante ochenta años y que, sin embargo, no han dado a los pobres, debería reflexionar que hay personas cuya caridad abarca incluso las ciruelas. Luego vinieron las galletas y el queso, y aquí circuló la jarra con el agua que se repartió generosamente, ya que la naturaleza de las galletas es la sequedad, y éstas eran galletas hasta la médula. Eso fue todo. La comida había terminado. Todo el mundo apartó sus sillas; las puertas giratorias se movieron violentamente de un lado a otro; pronto la sala quedó vacía de todo rastro de comida y fue preparada, sin duda, para el desayuno de la mañana siguiente. Por los pasillos y las escaleras la juventud de Inglaterra iba golpeando y cantando. Y no correspondía a un invitado, a un extraño (pues yo no tenía más derecho aquí en Fernham que en Trinity o Somerville o Girton o Newnham o Christchurch) decir: «La cena no ha estado bien», o decir (estábamos ahora, Mary Seton y yo, en su salón): «¿No podríamos haber cenado aquí arriba solas?», pues si hubiera dicho algo así habría estado husmeando y escudriñando en las economías secretas de una casa que para el extraño luce una fachada tan bonita de alegría y coraje. No, no se podía decir nada de eso. De hecho, la conversación decayó por un momento. Siendo la estructura humana lo que es, corazón, cuerpo y cerebro mezclados, y no contenidos en compartimentos separados como lo serán sin duda en otro millón de años, una buena cena es de gran importancia para una buena conversación. Una no puede pensar bien, amar bien, dormir bien, si no ha cenado bien. La lámpara de la columna vertebral no se enciende con carne y ciruelas. *Probablemente* todos vamos a ir al cielo, y Van Dyck está, así *esperamos*, a la vuelta de la próxima esquina... ese es el dudoso y calificativo estado de ánimo

some of the damages of the day's living. In a minute or so we were slipping freely in and out among all those objects of curiosity and interest which form in the mind in the absence of a particular person, and are naturally to be discussed on coming together again — how somebody has married, another has not; one thinks this, another that; one has improved out of all knowledge, the other most amazingly gone to the bad — with all those speculations upon human nature and the character of the amazing world we live in which spring naturally from such beginnings. While these things were being said, however, I became shamefacedly aware of a current setting in of its own accord and carrying everything forward to an end of its own. One might be talking of Spain or Portugal, of book or racehorse, but the real interest of whatever was said was none of those things, but a scene of masons on a high roof some five centuries ago. Kings and nobles brought treasure in huge sacks and poured it under the earth. This scene was for ever coming alive in my mind and placing itself by another of lean cows and a muddy market and withered greens and the stringy hearts of old men — these two pictures, disjointed and disconnected and nonsensical as they were, were for ever coming together and combating each other and had me entirely at their mercy. The best course, unless the whole talk was to be distorted, was to expose what was in my mind to the air, when with good luck it would fade and crumble like the head of the dead king when they opened the coffin at Windsor. Briefly, then, I told Miss Seton about the masons who had been all those years on the roof of the chapel, and about the kings and queens and nobles bearing sacks of gold and silver on their shoulders, which they shovelled into the earth; and then how the great financial magnates of our own time came and laid cheques and bonds, I suppose, where the others had laid ingots and rough lumps of gold. All that lies beneath the colleges down there, I said; but this college, where we are now sitting, what lies beneath its gallant red brick and the wild unkempt grasses of the garden? What force is behind that plain china off which we dined, and (here it popped out of my mouth before I could stop it) the beef, the custard and the prunes?

que la carne de res y las ciruelas al final del día de trabajo crían entre ellas. Afortunadamente, mi amiga, que enseñaba ciencias, tenía un armario donde había una botella rechoncha y pequeños vasos (pero debería haber habido lenguado y perdiz para empezar), así que pudimos acercarnos al fuego y reparar algunos de los daños de la jornada. En un minuto más o menos estábamos pasando libremente de uno a otro de esos objetos de curiosidad e interés que se forman en la mente en ausencia de una persona en particular, y que naturalmente se discuten al volver a reunirse —cómo alguien se ha casado, otro no; una piensa esto, otra lo otro; uno ha mejorado increíblemente, el otro, sorprendentemente, se ha echado a perder— con todas esas especulaciones sobre la naturaleza humana y el carácter del sorprendente mundo en el que vivimos que surgen naturalmente de tales comienzos. Sin embargo, mientras se decían estas cosas, me di cuenta, avergonzada, de que una corriente se estaba poniendo en marcha por sí misma y llevaba la conversación a un fin propio. Podíamos estar hablando de España o de Portugal, de un libro o de un caballo de carreras, pero el verdadero interés de lo que se decía no era ninguna de esas cosas, sino una escena de albañiles en un tejado alto hace unos cinco siglos. Los reyes y los nobles traían el tesoro en enormes sacos y lo vertían bajo la tierra. Esta escena cobraba constantemente vida en mi mente y se colocaba junto a otra de vacas flacas y un mercado fangoso y verduras marchitas y los corazones fibrosos de los ancianos; estas dos imágenes, desarticuladas e inconexas y sin sentido, se unían y combatían constantemente entre sí y me tenían completamente a su merced. Lo mejor, a menos que toda la charla fuera distorsionada, era exponer al aire lo que había en mi mente, cuando con buena suerte se desvanecería y desmoronaría como la cabeza del rey muerto cuando abrieron el ataúd en Windsor. Brevemente, entonces, le conté a la señorita Seton acerca de los albañiles que habían estado todos esos años en el techo de la capilla, y acerca de los reyes y reinas y nobles que llevaban sacos de oro y plata sobre sus hombros, que echaban a la tierra; y luego cómo los grandes magnates financieros de nuestra época vinieron y pusieron cheques y bonos, supongo, donde los otros habían puesto lingotes y toscos trozos de oro. Todo eso está debajo de los colegios de allá abajo, dije; pero este colegio, donde estamos sentadas ahora, ¿qué hay debajo de su gallardo ladrillo rojo y de las hierbas salvajes y descuidadas del jardín? ¿Qué fuerza hay detrás de la simple vajilla en la que hemos comido, y (aquí se me escaparon las palabras antes de que pudiera

Well, said Mary Seton, about the year 1860—— Oh, but you know the story, she said, bored, I suppose, by the recital. And she told me — rooms were hired. Committees met. Envelopes were addressed. Circulars were drawn up. Meetings were held; letters were read out; so-and-so has promised so much; on the contrary, Mr —— won't give a penny. The *Saturday Review* has been very rude. How can we raise a fund to pay for offices? Shall we hold a bazaar? Can't we find a pretty girl to sit in the front row? Let us look up what John Stuart Mill said on the subject. Can anyone persuade the editor of the —— to print a letter? Can we get Lady —— to sign it? Lady —— is out of town. That was the way it was done, presumably, sixty years ago, and it was a prodigious effort, and a great deal of time was spent on it. And it was only after a long struggle and with the utmost difficulty that they got thirty thousand pounds together.[2] So obviously we cannot have wine and partridges and servants carrying tin dishes on their heads, she said. We cannot have sofas and separate rooms. 'The amenities,' she said, quoting from some book or other, 'will have to wait.'[3]

At the thought of all those women working year after year and finding it hard to get two thousand pounds together, and as much as they could do to get thirty thousand pounds, we burst out in scorn at the reprehensible poverty of our sex. What had our mothers been doing then that they had no wealth to leave us? Powdering their noses? Looking in at shop windows? Flaunting in the sun at Monte Carlo? There were some photographs on the mantelpiece. Mary's mother — if that was her picture — may have been a wastrel in her spare time (she had thirteen children by a minister of the church), but if so her gay and dissipated life had left too few traces of its pleasures on her

---

2 'We are told that we ought to ask for £30,000 at least... It is not a large sum, considering that there is to be but one college of this sort for Great Britain, Ireland and the Colonies, and considering how easy it is to raise immense sums for boys' schools. But considering how few people really wish women to be educated, it is a good deal.' — LADY STEPHEN, *Emily Davies and Girton College.*

3 Every penny which could be scraped together was set aside for building, and the amenities had to be postponed. — R. STRACHEY, *The Cause.*

detenerlas) la carne de res, las natillas y las ciruelas?

Bueno, dijo Mary Seton, alrededor del año 1860… Oh, pero tú conoces la historia, dijo ella, aburrida, supongo, por la narración. Y me contó… se alquilaron salones. Se reunieron los comités. Se enviaron sobres. Se redactaron circulares. Se celebraron reuniones; se leyeron cartas; fulano ha prometido tanto; por el contrario, el señor… no dará ni un céntimo. El *Saturday Review* ha sido muy grosero. ¿Cómo podemos recaudar fondos para pagar las oficinas? ¿Hacemos un bazaar? ¿No podemos encontrar una chica bonita para sentarse en la primera fila? Busquemos lo que dijo John Stuart Mill sobre el tema. ¿Puede alguien persuadir al editor del… para que publique una carta? ¿Podemos conseguir que Lady… la firme? Lady… está fuera de la ciudad. Así se hizo, presumiblemente, hace sesenta años, y fue un esfuerzo prodigioso, y se dedicó mucho tiempo a ello. Y sólo después de una larga lucha y con la mayor dificultad se consiguieron treinta mil libras.[2] Así que obviamente no podemos tener vino y perdices y sirvientes que lleven bandejas de estaño en la cabeza, dijo. No podemos tener sofás y habitaciones separadas. «Las comodidades», dijo, citando algún libro, «tendrán que esperar».[3]

Al pensar en todas aquellas mujeres que trabajaron año tras año y lo que les costó juntar dos mil libras, y lo que pudieron haber hecho ellas para conseguir treinta mil libras, estallamos de desprecio ante la reprobable pobreza de nuestro sexo. ¿Qué habían estado haciendo nuestras madres entonces para no tener riquezas que dejarnos? ¿Empolvarse la nariz? ¿Mirar los escaparates? ¿Presumir al sol en Montecarlo? Había algunas fotografías en la repisa de la chimenea. La madre de Mary —si es que esa era su foto— puede haber sido una derrochadora en su tiempo libre (tenía trece hijos de un ministro de la iglesia), pero, de ser así, su vida alegre y disipada había deja-

2 «Nos han dicho que tenemos que pedir £30.000 por lo menos… No es una gran suma, teniendo en cuenta que sólo habrá un colegio de este tipo para Gran Bretaña, Irlanda y las Colonias, y considerando lo fácil que es recaudar inmensas sumas para las escuelas de varones. Pero teniendo en cuenta la poca gente que realmente desea que las mujeres reciban educación, es una buena cantidad». — LADY STEPHEN, *Emily Davies and Girton College*.
3 «Cada centavo que se pudo reunir se destinó a la construcción, y las comodidades tuvieron que ser pospuestas». — R. STRACHEY, *The Cause*.

face. She was a homely body; an old lady in a plaid shawl which was fastened by a large cameo; and she sat in a basket-chair, encouraging a spaniel to look at the camera, with the amused, yet strained expression of one who is sure that the dog will move directly the bulb is pressed. Now if she had gone into business; had become a manufacturer of artificial silk or a magnate on the Stock Exchange; if she had left two or three hundred thousand pounds to Fernham, we could have been sitting at our ease to-night and the subject of our talk might have been archaeology, botany, anthropology, physics, the nature of the atom, mathematics, astronomy, relativity, geography. If only Mrs Seton and her mother and her mother before her had learnt the great art of making money and had left their money, like their fathers and their grandfathers before them, to found fellowships and lectureships and prizes and scholarships appropriated to the use of their own sex, we might have dined very tolerably up here alone off a bird and a bottle of wine; we might have looked forward without undue confidence to a pleasant and honourable lifetime spent in the shelter of one of the liberally endowed professions. We might have been exploring or writing; mooning about the venerable places of the earth; sitting contemplative on the steps of the Parthenon, or going at ten to an office and coming home comfortably at half-past four to write a little poetry. Only, if Mrs Seton and her like had gone into business at the age of fifteen, there would have been — that was the snag in the argument — no Mary. What, I asked, did Mary think of that? There between the curtains was the October night, calm and lovely, with a star or two caught in the yellowing trees. Was she ready to resign her share of it and her memories (for they had been a happy family, though a large one) of games and quarrels up in Scotland, which she is never tired of praising for the fineness of its air and the quality of its cakes, in order that Fernham might have been endowed with fifty thousand pounds or so by a stroke of the pen? For, to endow a college would necessitate the suppression of families altogether. Making a fortune and bearing thirteen children — no human being could stand it. Consider the facts, we said. First there are nine months before the baby is born. Then the baby is born. Then there are three or four months spent in feeding the baby. After the baby is fed there are certainly five years spent in playing with the baby. You cannot, it seems, let children run about the streets. People who have seen them running wild in Russia say that the sight is not a pleasant one. People say, too, that human nature takes its shape in the years between one

do muy pocas huellas de sus placeres en su rostro. Era un cuerpo hogareño; una anciana con un chal de cuadros abrochado con un gran camafeo; y estaba sentada en una silla de mimbre, animando a un spaniel a mirar a la cámara, con la expresión divertida, aunque tensa, de quien está segura de que el perro se moverá en cuanto se apriete la bombilla. Ahora bien, si se hubiera dedicado a los negocios; si se hubiera convertido en fabricante de seda artificial o en magnate de la Bolsa; si hubiera dejado doscientas o trescientas mil libras a Fernham, podríamos haber estado sentadas a nuestras anchas esta noche y el tema de nuestra charla podría haber sido la arqueología, la botánica, la antropología, la física, la naturaleza del átomo, las matemáticas, la astronomía, la relatividad, la geografía. Si la señora Seton y su madre, y su madre antes que ella, hubieran aprendido el gran arte de hacer dinero y hubieran dejado su dinero, como sus padres y sus abuelos antes que ellos, para fundar becas y cátedras y premios y becas apropiadas para el uso de su propio sexo, podríamos haber cenado muy tolerablemente aquí arriba, solas, con un pájaro y una botella de vino; podríamos haber esperado sin excesiva confianza una vida agradable y honorable pasada al amparo de una de las profesiones generosamente dotadas. Podríamos haber estado explorando o escribiendo; recorriendo los lugares venerables de la tierra; sentadas contemplativas en las escaleras del Partenón, o yendo a las diez a una oficina y volviendo a casa cómodamente a las cuatro y media para escribir un poco de poesía. Sólo que si la señora Seton y sus semejantes se hubieran dedicado a los negocios a la edad de quince años, no habría habido —éste era el escollo del argumento— ninguna Mary. ¿Qué, pregunté, pensaba Mary de eso? Allí, entre las cortinas, estaba la noche de octubre, tranquila y encantadora, con una o dos estrellas atrapadas en los árboles amarillos. ¿Estaba dispuesta a renunciar a su parte y a sus recuerdos (porque habían sido una familia feliz, aunque numerosa) de juegos y peleas en Escocia, de la que no se cansa de elogiar la finura de su aire y la calidad de sus pasteles, para que Fernham fuera dotada de cincuenta mil libras más o menos de un plumazo? Porque, para dotar a un colegio, sería necesario suprimir las familias por completo. Hacer una fortuna y tener trece hijos... ningún ser humano podría soportarlo. Consideremos los hechos, dijimos. Primero hay nueve meses antes de que nazca el bebé. Luego, el bebé nace. Luego hay tres o cuatro meses dedicados a alimentar al bebé. Después de alimentar al bebé, hay ciertamente cinco años dedicados a jugar con él. Parece que no se puede dejar

and five. If Mrs Seton, I said, had been making money, what sort of memories would you have had of games and quarrels? What would you have known of Scotland, and its fine air and cakes and all the rest of it? But it is useless to ask these questions, because you would never have come into existence at all. Moreover, it is equally useless to ask what might have happened if Mrs Seton and her mother and her mother before her had amassed great wealth and laid it under the foundations of college and library, because, in the first place, to earn money was impossible for them, and in the second, had it been possible, the law denied them the right to possess what money they earned. It is only for the last forty-eight years that Mrs Seton has had a penny of her own. For all the centuries before that it would have been her husband's property — a thought which, perhaps, may have had its share in keeping Mrs Seton and her mothers off the Stock Exchange. Every penny I earn, they may have said, will be taken from me and disposed of according to my husband's wisdom — perhaps to found a scholarship or to endow a fellowship in Balliol or Kings, so that to earn money, even if I could earn money, is not a matter that interests me very greatly. I had better leave it to my husband.

At any rate, whether or not the blame rested on the old lady who was looking at the spaniel, there could be no doubt that for some reason or other our mothers had mismanaged their affairs very gravely. Not a penny could be spared for 'amenities'; for partridges and wine, beadles and turf, books and cigars, libraries and leisure. To raise bare walls out of bare earth was the utmost they could do.

So we talked standing at the window and looking, as so many thousands look every night, down on the domes and towers of the famous city beneath us. It was very beautiful, very mysterious in the autumn moonlight. The old stone looked very white and venerable. One thought of all the books that were assembled down there; of the pictures of old prelates and worthies hanging in the panelled rooms; of the painted windows that would be throwing strange globes and crescents on the pavement; of the tablets and memorials and in-

que los niños corran por las calles. La gente que los ha visto correr salvajemente en Rusia dice que el espectáculo no es agradable. La gente dice también que la naturaleza humana toma su forma entre el primer y el quinto año. Si la señora Seton, dije, hubiera estado ganando dinero, ¿qué tipo de recuerdos habrías tenido de juegos y peleas? ¿Qué habrías sabido tú de Escocia, y de su buen aire y sus pasteles y todo lo demás? Pero es inútil hacer estas preguntas, porque nunca habrías llegado a existir. Además, es igualmente inútil preguntarse qué habría pasado si la señora Seton y su madre, y su madre antes que ella, hubieran amasado una gran riqueza y la hubieran puesto en los cimientos de la universidad y la biblioteca, porque, en primer lugar, ganar dinero era imposible para ellas y, en segundo lugar, si hubiera sido posible, la ley les negaba el derecho a poseer el dinero que ganaban. Sólo durante los últimos cuarenta y ocho años la señora Seton ha tenido un centavo propio. Durante todos los siglos anteriores habría sido propiedad de su marido... un pensamiento que, tal vez, puede haber tenido su parte en mantener a la señora Seton y a sus madres fuera de la Bolsa. Cada centavo que gane, habrán dicho, me lo quitarán y dispondrán de él de acuerdo con la sabiduría de mi marido... tal vez para fundar una beca o para dotar una auxiliaría en Balliol o en Kings, de modo que ganar dinero, incluso si pudiera ganar dinero, no es un asunto que me interese mucho. Será mejor que se lo deje a mi marido.

En cualquier caso, independientemente de que la culpa recayera en la anciana que miraba al spaniel, no cabía duda de que, por una u otra razón, nuestras madres habían gestionado muy gravemente sus asuntos. No se podía ahorrar ni un centavo para «comodidades»; para perdices y vino, bedeles y césped, libros y cigarros, bibliotecas y ocio. Levantar paredes desnudas de la tierra desnuda era lo máximo que podían hacer.

Así hablamos de pie junto a la ventana y mirando, como tantos miles miran cada noche, las cúpulas y las torres de la famosa ciudad bajo nosotros. Estaba muy hermosa, muy misteriosa a la luz de la luna de otoño. La vieja piedra parecía muy blanca y venerable. Una pensaba en todos los libros que se reunían allí abajo; en los cuadros de antiguos prelados y dignatarios que colgaban en las salas con paneles; en las ventanas pintadas que arrojaban extraños globos y medias lunas sobre el pavimento; en las tablillas y los monumentos con-

scriptions; of the fountains and the grass; of the quiet rooms looking across the quiet quadrangles. And (pardon me the thought) I thought, too, of the admirable smoke and drink and the deep armchairs and the pleasant carpets: of the urbanity, the geniality, the dignity which are the offspring of luxury and privacy and space. Certainly our mothers had not provided us with any thing comparable to all this — our mothers who found it difficult to scrape together thirty thousand pounds, our mothers who bore thirteen children to ministers of religion at St Andrews.

So I went back to my inn, and as I walked through the dark streets I pondered this and that, as one does at the end of the day's work. I pondered why it was that Mrs Seton had no money to leave us; and what effect poverty has on the mind; and what effect wealth has on the mind; and I thought of the queer old gentlemen I had seen that morning with tufts of fur upon their shoulders; and I remembered how if one whistled one of them ran; and I thought of the organ booming in the chapel and of the shut doors of the library; and I thought how unpleasant it is to be locked out; and I thought how it is worse perhaps to be locked in; and, thinking of the safety and prosperity of the one sex and of the poverty and insecurity of the other and of the effect of tradition and of the lack of tradition upon the mind of a writer, I thought at last that it was time to roll up the crumpled skin of the day, with its arguments and its impressions and its anger and its laughter, and cast it into the hedge. A thousand stars were flashing across the blue wastes of the sky. One seemed alone with an inscrutable society. All human beings were laid asleep — prone, horizontal, dumb. Nobody seemed stirring in the streets of Oxbridge. Even the door of the hotel sprang open at the touch of an invisible hand — not a boots was sitting up to light me to bed, it was so late.

memorativos y las inscripciones; en las fuentes y el césped; en las tranquilas habitaciones que daban a los tranquilos cuadriláteros. Y (perdónenme el pensamiento) pensé también en el admirable humo y la bebida y los profundos sillones y las agradables alfombras: en la urbanidad, la genialidad, la dignidad que son el fruto del lujo y la privacidad y el espacio. Ciertamente, nuestras madres no nos habían proporcionado nada comparable a todo esto: nuestras madres a las que les costó reunir treinta mil libras, nuestras madres que dieron a luz a trece hijos a ministros de la iglesia en St. Andrews.

Así que volví a mi posada y mientras caminaba por las oscuras calles reflexionaba sobre esto y aquello, como se hace al final del día de trabajo. Reflexioné sobre por qué la señora Seton no tenía dinero para dejarnos; y sobre el efecto que la pobreza tiene en la mente; y sobre el efecto que la riqueza tiene en la mente; y pensé en los extraños y viejos caballeros que había visto aquella mañana con penachos de pieles sobre los hombros; y recordé cómo si una silbaba uno de ellos corría; y pensé en el órgano que retumbaba en la capilla y en las puertas cerradas de la biblioteca; y pensé en lo desagradable que es ser dejada fuera; y pensé que es peor estar encerrada dentro; y, pensando en la seguridad y la prosperidad de un sexo y en la pobreza y la inseguridad del otro y en el efecto de la tradición y de la falta de tradición en la mente de un escritor, pensé por fin que era hora de enrollar la piel arrugada del día, con sus argumentos y sus impresiones y su ira y su risa, y echarla al seto. Un millar de estrellas destellaban en el azul del cielo. Una parecía estar sola con una sociedad inescrutable. Todos los seres humanos estaban dormidos... echados, horizontales, mudos. Nadie parecía moverse en las calles de Oxbridge. Incluso la puerta del hotel se abrió con el toque de una mano invisible... no había ni un solo botones que esperara para encenderme la luz hacia la cama, era tan tarde.

TWO

The scene, if I may ask you to follow me, was now changed. The leaves were still falling, but in London now, not Oxbridge; and I must ask you to imagine a room, like many thousands, with a window looking across people's hats and vans and motor-cars to other windows, and on the table inside the room a blank sheet of paper on which was written in large letters WOMEN AND FICTION, but no more. The inevitable sequel to lunching and dining at Oxbridge seemed, unfortunately, to be a visit to the British Museum. One must strain off what was personal and accidental in all these impressions and so reach the pure fluid, the essential oil of truth. For that visit to Oxbridge and the luncheon and the dinner had started a swarm of questions. Why did men drink wine and women water? Why was one sex so prosperous and the other so poor? What effect has poverty on fiction? What conditions are necessary for the creation of works of art? — a thousand questions at once suggested themselves. But one needed answers, not questions; and an answer was only to be had by consulting the learned and the unprejudiced, who have removed themselves above the strife of tongue and the confusion of body and issued the result of their reasoning and research in books which are to be found in the British Museum. If truth is not to be found on the shelves of the British Museum, where, I asked myself, picking up a notebook and a pencil, is truth?

Thus provided, thus confident and enquiring, I set out in the pursuit of truth. The day, though not actually wet, was dismal, and the streets in the neighbourhood of the Museum were full of open coalholes, down which sacks were showering; four-wheeled cabs were drawing up and depositing on the pavement corded boxes containing, presumably, the entire wardrobe of some Swiss or Italian family seeking fortune or refuge or some other desirable commodity which is to be found in the boarding-houses of Bloomsbury in the winter. The usual hoarse-voiced men paraded the streets with plants on barrows. Some shouted; others sang. London was like a workshop. London was like a machine. We were all being shot backwards and forwards on this plain foundation to make some pattern. The British Museum was another department of the factory. The swing-doors swung open; and there one stood under the vast dome, as if one were

DOS

La escena, si puedo pedirles que me sigan, ha cambiado ahora. Las hojas seguían cayendo, pero ahora en Londres, no en Oxbridge; y debo pedirles que se imaginen una habitación, como muchas otras, con una ventana que mira, a través de los sombreros de la gente y de las furgonetas y los coches, a otras ventanas, y en la mesa del interior de la habitación una hoja de papel en blanco en la que está escrito en letras grandes Las mujeres y la ficción, pero nada más. La secuela inevitable de la comida y la cena en Oxbridge parecía ser, por desgracia, una visita al Museo Británico. Una debe colar lo que era personal y accidental en todas estas impresiones y así alcanzar el fluido puro, el aceite esencial de la verdad. Porque aquella visita a Oxbridge y el almuerzo y la cena habían iniciado un enjambre de preguntas. ¿Por qué los hombres bebían vino y las mujeres agua? ¿Por qué un sexo era tan próspero y el otro tan pobre? ¿Qué efecto tiene la pobreza en la ficción? ¿Qué condiciones son necesarias para la creación de obras de arte? Mil preguntas se sugerían de inmediato. Pero una necesitaba respuestas, no preguntas; y la respuesta sólo podía obtenerse consultando a los eruditos y a los desprejuiciados, que se han apartado de la lucha de lenguas y de la confusión de cuerpos y han publicado el resultado de sus razonamientos e investigaciones en libros que se encuentran en el Museo Británico. Si la verdad no se encuentra en las bibliotecas del Museo Británico, ¿dónde, me pregunté, tomando un cuaderno y un lápiz, está la verdad?

Así provista, confiada e inquieta, salí en busca de la verdad. El día, aunque no era realmente lluvioso, era lúgubre, y las calles de los alrededores del Museo estaban llenas de carboneras abiertas, por las que llovían sacos; los coches de cuatro ruedas se acercaban y depositaban en la acera cajas encordadas que contenían, presumiblemente, todo el guardarropa de alguna familia suiza o italiana que buscaba fortuna o refugio o alguna otra mercancía deseable que se puede encontrar en las pensiones de Bloomsbury en invierno. Los habituales hombres de voz ronca desfilaban por las calles con plantas en carretillas. Algunos gritaban; otros cantaban. Londres era como un taller. Londres era como una máquina. Todos éramos disparados hacia adelante y hacia atrás en esta base plana para formar algún patrón. El Museo Británico era otro departamento de la fábrica. Las puertas giratorias se abrían; y allí se encontraba una bajo la vasta cúpula,

a thought in the huge bald forehead which is so splendidly encir-
cled by a band of famous names. One went to the counter; one took
a slip of paper; one opened a volume of the catalogue, and ..... the
five dots here indicate five separate minutes of stupefaction, wonder and bewilderment. Have you any notion of how many books are
written about women in the course of one year? Have you any notion
how many are written by men? Are you aware that you are, perhaps,
the most discussed animal in the universe? Here had I come with a
notebook and a pencil proposing to spend a morning reading, supposing that at the end of the morning I should have transferred the
truth to my notebook. But I should need to be a herd of elephants,
I thought, and a wilderness of spiders, desperately referring to the
animals that are reputed longest lived and most multitudinously
eyed, to cope with all this. I should need claws of steel and beak of
brass even to penetrate the husk. How shall I ever find the grains of
truth embedded in all this mass of paper? I asked myself, and in despair began running my eye up and down the long list of titles. Even
the names of the books gave me food for thought. Sex and its nature
might well attract doctors and biologists; but what was surprising
and difficult of explanation was the fact that sex — woman, that is
to say — also attracts agreeable essayists, light-fingered novelists,
young men who have taken the M.A. degree; men who have taken no
degree; men who have no apparent qualification save that they are
not women. Some of these books were, on the face of it, frivolous and
facetious; but many, on the other hand, were serious and prophetic,
moral and hortatory. Merely to read the titles suggested innumerable
schoolmasters, innumerable clergymen mounting their platforms
and pulpits and holding forth with loquacity which far exceeded the
hour usually alloted to such discourse on this one subject. It was a
most strange phenomenon; and apparently — here I consulted the
letter M — one confined to the male sex. Women do not write books
about men — a fact that I could not help welcoming with relief, for if
I had first to read all that men have written about women, then all
that women have written about men, the aloe that flowers once in a
hundred years would flower twice before I could set pen to paper. So,
making a perfectly arbitrary choice of a dozen volumes or so, I sent
my slips of paper to lie in the wire tray, and waited in my stall, among
the other seekers for the essential oil of truth.

como si fuera un pensamiento en la enorme frente calva que está tan espléndidamente rodeada por una banda de nombres famosos. Una se dirigía al mostrador; cogía un papelito; abría un volumen del catálogo, y ..... los cinco puntos aquí indican cinco minutos distintos de estupefacción, asombro y desconcierto. ¿Tienen idea de cuántos libros se escriben sobre mujeres en el transcurso de un año? ¿Tienen idea de cuántos son escritos por hombres? ¿Saben ustedes que son, tal vez, el animal más discutido del universo? Aquí había venido con un cuaderno y un lápiz proponiéndome pasar una mañana leyendo, suponiendo que al final de la mañana iba a haber trasladado la verdad a mi cuaderno. Pero yo debería ser una manada de elefantes, pensé, y una selva de arañas, refiriéndome desesperadamente a los animales que tienen fama de ser los más longevos y de tener más ojos, para hacer frente a todo esto. Necesitaría incluso garras de acero y pico de metal para penetrar en la cáscara. ¿Cómo podré encontrar los granos de verdad incrustados en toda esta masa de papel? me pregunté, y desesperada comencé a recorrer con la mirada la larga lista de títulos. Incluso los nombres de los libros me daban que pensar. El sexo y su naturaleza bien podrían atraer a médicos y biólogos; pero lo que resultaba sorprendente y difícil de explicar era el hecho de que el sexo —la mujer, es decir— también atrae a agradables ensayistas, a novelistas de dedos ligeros, a jóvenes que han cursado la licenciatura; a hombres que no han cursado ninguna licenciatura; a hombres que no tienen ninguna cualificación aparente salvo la de no ser mujeres. Algunos de estos libros eran, a primera vista, frívolos y caricaturescos; pero muchos, en cambio, eran serios y proféticos, morales y exhortatorios. La mera lectura de los títulos hacía pensar en innumerables maestros de escuela, en innumerables clérigos que subían a sus estrados y púlpitos y se explayaban con una locuacidad que superaba con creces la hora que habitualmente se destinaba a ese discurso sobre este tema. Era un fenómeno de lo más extraño; y aparentemente —aquí consulté la letra H— uno confinado al sexo masculino. Las mujeres no escriben libros sobre los hombres... un hecho que no pude evitar acoger con alivio, pues si tuviera que leer primero todo lo que los hombres han escrito sobre las mujeres, y luego todo lo que las mujeres han escrito sobre los hombres, el áloe que florece una vez cada cien años florecería dos veces antes de que yo pudiera poner la pluma en el papel. Así que, haciendo una elección perfectamente arbitraria de una docena de volúmenes más o menos, envié mis trozos de papel a reposar en la cesta de alambre, y espe-

What could be the reason, then, of this curious disparity, I wondered, drawing cart-wheels on the slips of paper provided by the
British taxpayer for other purposes. Why are women, judging from
this catalogue, so much more interesting to men than men are to
women? A very curious fact it seemed, and my mind wandered to
picture the lives of men who spend their time in writing books about
women; whether they were old or young, married or unmarried, red-
nosed or hump-backed — anyhow, it was flattering, vaguely, to feel
oneself the object of such attention provided that it was not entirely bestowed by the crippled and the infirm — so I pondered until all
such frivolous thoughts were ended by an avalanche of books slid-
ing down on to the desk in front of me. Now the trouble began. The
student who has been trained in research at Oxbridge has no doubt
some method of shepherding his question past all distractions till
it runs into his answer as a sheep runs into its pen. The student by
my side, for instance, who was copying assiduously from a scientific
manual, was, I felt sure, extracting pure nuggets of the essential ore
every ten minutes or so. His little grunts of satisfaction indicated so
much. But if, unfortunately, one has had no training in a university,
the question far from being shepherded to its pen flies like a fright-
ened flock hither and thither, helter-skelter, pursued by a whole pack
of hounds. Professors, schoolmasters, sociologists, clergymen, novelists, essayists, journalists, men who had no qualification save that
they were not women, chased my simple and single question — Why
are some women poor? — until it became fifty questions; until the fifty questions leapt frantically into midstream and were carried away.
Every page in my notebook was scribbled over with notes. To show
the state of mind I was in, I will read you a few of them, explaining
that the page was headed quite simply, WOMEN AND POVERTY, in block
letters; but what followed was something like this:

Condition in Middle Ages of,
Habits in the Fiji Islands of,

ré en mi puesto, entre los otros buscadores del aceite esencial de la verdad.

¿Cuál podría ser la razón, entonces, de esta curiosa disparidad? me pregunté, dibujando ruedas de carro en los trozos de papel proporcionados por el contribuyente británico para otros fines. ¿Por qué las mujeres, a juzgar por este catálogo, son mucho más interesantes para los hombres que los hombres para las mujeres? Parecía un hecho muy curioso, y mi mente divagaba imaginando las vidas de los hombres que dedican su tiempo a escribir libros sobre mujeres; ya sean viejos o jóvenes, casados o solteros, con la nariz roja o con joroba... En cualquier caso, resultaba halagador, vagamente, sentirse objeto de semejante atención, siempre que no fueran en su totalidad cojos o enfermos... Así que reflexioné hasta que todos esos frívolos pensamientos terminaron debido a una avalancha de libros que se deslizaron sobre el escritorio que tenía delante. Ahora empezaron los problemas. El estudiante que ha sido entrenado en la investigación en Oxbridge tiene, sin duda, algún método para pastorear su pregunta más allá de todas las distracciones hasta que corre hacia su respuesta como una oveja corre hacia su corral. El estudiante que estaba a mi lado, por ejemplo, que copiaba asiduamente de un manual científico, estaba, de eso estoy segura, extrayendo pepitas puras del mineral esencial cada diez minutos más o menos. Sus pequeños gruñidos de satisfacción así lo indicaban. Pero si, por desgracia, una no ha recibido formación en una universidad, la cuestión, lejos de ser pastoreada hasta su corral, vuela como un rebaño asustado de aquí para allá, a la carrera, perseguido por toda una jauría. Profesores, maestros de escuela, sociólogos, clérigos, novelistas, ensayistas, periodistas, hombres que no tenían más cualificación que la de no ser mujeres, persiguieron mi simple y única pregunta, «¿Por qué algunas mujeres son pobres?», hasta que se convirtió en cincuenta preguntas; hasta que las cincuenta preguntas saltaron frenéticamente en medio de la corriente y se las llevaron. Cada página de mi cuaderno estaba llena de notas. Para mostrar el estado de ánimo en que me encontraba, les leeré algunas de ellas, aclarando que la página estaba encabezada sencillamente con el título LAS MUJERES Y LA POBREZA, en letras de molde; pero lo que seguía era algo así:

Condición en la Edad Media de,
Hábitos en las islas Fiji de,

VIRGINIA WOOLF

Worshipped as goddesses by,
Weaker in moral sense than,
Idealism of,
Greater conscientiousness of,
South Sea Islanders, age of puberty among,
Attractiveness of,
Offered as sacrifice to,
Small size of brain of,
Profounder sub-consciousness of,
Less hair on the body of,
Mental, moral and physical inferiority of,
Love of children of,
Greater length of life of,
Weaker muscles of,
Strength of affections of,
Vanity of,
Higher education of,
Shakespeare's opinion of,
Lord Birkenhead's opinion of,
Dean Inge's opinion of,
La Bruyere's opinion of,
Dr Johnson's opinion of,
Mr Oscar Browning's opinion of,...

Here I drew breath and added, indeed, in the margin, Why does Samuel Butler say, 'Wise men never say what they think of women'? Wise men never say anything else apparently. But, I continued, leaning back in my chair and looking at the vast dome in which I was a single but by now somewhat harassed thought, what is so unfortunate is that wise men never think the same thing about women. Here is Pope:

Most women have no character at all.

And here is La Bruyère:

Les femmes sont extrêmes, elles sont meilleures ou pires que les hommes——

a direct contradiction by keen observers who were contemporary.

Adoradas como diosas por,
Más débiles en sentido moral que,
Idealismo de,
Mayor sensibilidad de,
Los isleños de los mares del sur, la edad de la pubertad entre,
Atractivo de,
Ofrecido como sacrificio a,
Pequeño tamaño del cerebro de,
Mayor subconsciencia de,
Menos pelo en el cuerpo de,
Inferioridad mental, moral y física de,
Amor a los hijos de,
Mayor duración de la vida de,
Músculos más débiles de,
Fuerza de los afectos de,
Vanidad de,
La educación superior de,
La opinión de Shakespeare sobre,
La opinión de Lord Birkenhead sobre,
La opinión del decano Inge sobre,
La opinión de La Bruyere sobre,
La opinión del Dr. Johnson sobre,
La opinión del Sr. Oscar Browning sobre, ...

Aquí tomé aire y añadí, en efecto, al margen, ¿Por qué dice Samuel Butler, «Los hombres sabios nunca dicen lo que piensan de las mujeres»? Los hombres sabios nunca dicen otra cosa, aparentemente. Pero, continué, recostándome en mi silla y mirando la vasta cúpula en la que yo era un pensamiento único pero ya un poco acosado, lo que es realmente lamentable es que los hombres sabios nunca piensen lo mismo acerca de las mujeres. Dice Pope:

La mayoría de las mujeres no tienen ningún carácter.

Y aquí está La Bruyère:

Les femmes sont extrêmes, elles sont meilleures ou pires que les hommes...
[Las mujeres son extremas, son mejores o peores que los hombres...]

una contradicción directa por parte de observadores agudos que

Are they capable of education or incapable? Napoleon thought them incapable. Dr Johnson thought the opposite.[4] Have they souls or have they not souls? Some savages say they have none. Others, on the contrary, maintain that women are half divine and worship them on that account.[5] Some sages hold that they are shallower in the brain; others that they are deeper in the consciousness. Goethe honoured them; Mussolini despises them. Wherever one looked men thought about women and thought differently. It was impossible to make head or tail of it all, I decided, glancing with envy at the reader next door who was making the neatest abstracts, headed often with an A or a B or a C, while my own notebook rioted with the wildest scribble of contradictory jottings. It was distressing, it was bewildering, it was humiliating. Truth had run through my fingers. Every drop had escaped.

I could not possibly go home, I reflected, and add as a serious contribution to the study of women and fiction that women have less hair on their bodies than men, or that the age of puberty among the South Sea Islanders is nine — or is it ninety? — even the handwriting had become in its distraction indecipherable. It was disgraceful to have nothing more weighty or respectable to show after a whole morning's work. And if I could not grasp the truth about W. (as for brevity's sake I had come to call her) in the past, why bother about W. in the future? It seemed pure waste of time to consult all those gentlemen who specialize in woman and her effect on whatever it may be — politics, children, wages, morality — numerous and learned as they are. One might as well leave their books unopened.

But while I pondered I had unconsciously, in my listlessness, in my

4 '"Men know that women are an overmatch for them, and therefore they choose the weakest or the most ignorant. If they did not think so, they never could be afraid of women knowing as much as themselves."... In justice to the sex, I think it but candid to acknowledge that, in a subsequent conversation, he told me that he was serious in what he said.' —BOSWELL, *The Journal of a Tour to the Hebrides*.

5 'The ancient Germans believed that there was something holy in women, and accordingly consulted them as oracles.' —FRAZER, *Golden Bough*.

fueron contemporáneos. ¿Son capaces de educación o incapaces? Napoleón las consideraba incapaces. El Dr. Johnson pensaba lo contrario[4]. ¿Tienen alma o no tienen alma? Algunos salvajes dicen que no tienen ninguna. Otros, por el contrario, sostienen que las mujeres son mitad divinas y las adoran por ello[5]. Algunos sabios sostienen que son más superficiales en el cerebro; otros, que son más profundas en la conciencia. Goethe las honró; Mussolini las desprecia. Dondequiera que se mire los hombres pensaban en las mujeres y pensaban de forma diferente. Era imposible entenderlo todo, decidí, mirando con envidia al lector de al lado que hacía los resúmenes más limpios, encabezados a menudo con una A o una B o una C, mientras mi propio cuaderno se alborotaba en el más salvaje garabato de apuntes contradictorios. Era angustioso, desconcertante y humillante. La verdad se me había escapado de las manos. Se había escapado hasta la última gota.

No podría volver a casa, reflexioné, y añadir como contribución seria al estudio de las mujeres y la ficción que las mujeres tienen menos pelo en el cuerpo que los hombres, o que la edad de la pubertad entre las isleñas de los mares del sur es de nueve —¿o es de noventa?— años, incluso la letra se había vuelto en su distracción indescifrable. Era vergonzoso no tener nada más importante o respetable que mostrar después de toda una mañana de trabajo. Y si no podía comprender la verdad sobre M. (como, por brevedad, había llegado a llamarla) en el pasado, ¿por qué preocuparse por M. en el futuro? Me parecía una pura pérdida de tiempo consultar a todos esos señores especializados en la mujer y su efecto en lo que sea —política, niños, salarios, moral—, tan numerosos y eruditos como son. Una podría dejar sus libros sin abrir.

Pero mientras reflexionaba, inconscientemente, en mi desgana, en

---

4 «"Los hombres saben que las mujeres les superan, y por eso eligen a las más débiles o a las más ignorantes. Si no pensaran así, nunca podrían temer que las mujeres supieran tanto como ellos mismos." ... En justicia al sexo, creo que no es más que cándido reconocer que, en una conversación posterior, me dijo que hablaba en serio en lo que decía». —BOSWELL, *The Journal of a Tour to the Hebrides.*

5 «Los antiguos germanos creían que había algo sagrado en las mujeres, y por ello las consultaban como oráculos». —FRAZER, *La rama dorada.*

desperation, been drawing a picture where I should, like my neighbour, have been writing a conclusion. I had been drawing a face, a figure. It was the face and the figure of Professor von X engaged in writing his monumental work entitled *The Mental, Moral, and Physical Inferiority of the Female Sex*. He was not in my picture a man attractive to women. He was heavily built; he had a great jowl; to balance that he had very small eyes; he was very red in the face. His expression suggested that he was labouring under some emotion that made him jab his pen on the paper as if he were killing some noxious insect as he wrote, but even when he had killed it that did not satisfy him; he must go on killing it; and even so, some cause for anger and irritation remained. Could it be his wife, I asked, looking at my picture? Was she in love with a cavalry officer? Was the cavalry officer slim and elegant and dressed in astrakhan? Had he been laughed at, to adopt the Freudian theory, in his cradle by a pretty girl? For even in his cradle the professor, I thought, could not have been an attractive child. Whatever the reason, the professor was made to look very angry and very ugly in my sketch, as he wrote his great book upon the mental, moral and physical inferiority of women. Drawing pictures was an idle way of finishing an unprofitable morning's work. Yet it is in our idleness, in our dreams, that the submerged truth sometimes comes to the top. A very elementary exercise in psychology, not to be dignified by the name of psychoanalysis, showed me, on looking at my notebook, that the sketch of the angry professor had been made in anger. Anger had snatched my pencil while I dreamt. But what was anger doing there? Interest, confusion, amusement, boredom — all these emotions I could trace and name as they succeeded each other throughout the morning. Had anger, the black snake, been lurking among them? Yes, said the sketch, anger had. It referred me unmistakably to the one book, to the one phrase, which had roused the demon; it was the professor's statement about the mental, moral and physical inferiority of women. My heart had leapt. My cheeks had burnt. I had flushed with anger. There was nothing specially remarkable, however foolish, in that. One does not like to be told that one is naturally the inferior of a little man — I looked at the student next me — who breathes hard, wears a ready-made tie, and has not shaved this fortnight. One has certain foolish vanities. It is only human nature, I reflected, and began drawing cartwheels and circles over the angry professor's face till he looked like a burning bush or a flaming comet — anyhow, an apparition without human semblance

mi desesperación, había estado trazando un dibujo donde debería, como mi vecino, haber escrito una conclusión. Había estado dibujando un rostro, una figura. Era el rostro y la figura del profesor von X, ocupado en escribir su monumental obra titulada *La inferioridad mental, moral y física del sexo femenino*. En mi imagen no era un hombre atractivo para las mujeres. Era de complexión robusta, tenía una gran papada y, para compensar, tenía los ojos muy pequeños y la cara muy roja. Su expresión sugería que estaba trabajando bajo alguna emoción que le hacía clavar la pluma en el papel como si estuviera matando algún insecto nocivo mientras escribía, pero incluso cuando lo había matado eso no le satisfacía; debía seguir matándolo; y aun así, quedaba algún motivo de ira e irritación. ¿Podría ser a causa de su mujer, me pregunté, mirando mi imagen? ¿Estaba ella enamorada de un oficial de caballería? ¿Era el oficial de caballería delgado y elegante y vestía de astracán? ¿O se había reído de él, adoptando la teoría freudiana, en su cuna una niña bonita? Porque incluso en su cuna el profesor, pensé, no podía ser un niño atractivo. Cualquiera que sea la razón, el profesor aparecía muy enfadado y muy feo en mi boceto, mientras escribía su gran libro sobre la inferioridad mental, moral y física de las mujeres. Hacer dibujos era una forma ociosa de terminar una mañana de trabajo poco provechosa. Sin embargo, es en nuestra ociosidad, en nuestros sueños, donde a veces aflora la verdad sumergida. Un ejercicio muy elemental de psicología, que no debe dignificarse con el nombre de psicoanálisis, me mostró, al mirar mi cuaderno, que el boceto del profesor enfadado había sido hecho con ira. La ira me había arrebatado el lápiz mientras soñaba. Pero, ¿qué hacía la ira allí? Interés, confusión, diversión, aburrimiento... todas estas emociones podía rastrearlas y nombrarlas a medida que se sucedían a lo largo de la mañana. ¿Acaso la ira, la serpiente negra, había estado acechando entre ellas? Sí, dijo el boceto, la ira lo había hecho. Me remitió inequívocamente al único libro, a la única frase, que había despertado al demonio; era la afirmación del profesor sobre la inferioridad mental, moral y física de las mujeres. Mi corazón había saltado. Mis mejillas habían ardido. Me había sonrojado de ira. No había nada especialmente notable, aunque fuera una tontería, en ello. A una no le gusta que le digan que es naturalmente inferior a un hombrecito —miré al estudiante que estaba a mi lado— que respira con dificultad, que lleva una corbata de nudo fijo y que no se ha afeitado en una quincena. Una tiene ciertas vanidades tontas. Es sólo la naturaleza humana, reflexioné, y empecé a dibujar

or significance. The professor was nothing now but a faggot burning on the top of Hampstead Heath. Soon my own anger was explained and done with; but curiosity remained. How explain the anger of the professors? Why were they angry? For when it came to analysing the impression left by these books there was always an element of heat. This heat took many forms; it showed itself in satire, in sentiment, in curiosity, in reprobation. But there was another element which was often present and could not immediately be identified. Anger, I called it. But it was anger that had gone underground and mixed itself with all kinds of other emotions. To judge from its odd effects, it was anger disguised and complex, not anger simple and open.

Whatever the reason, all these books, I thought, surveying the pile on the desk, are worthless for my purposes. They were worthless scientifically, that is to say, though humanly they were full of instruction, interest, boredom, and very queer facts about the habits of the Fiji Islanders. They had been written in the red light of emotion and not in the white light of truth. Therefore they must be returned to the central desk and restored each to his own cell in the enormous honeycomb. All that I had retrieved from that morning's work had been the one fact of anger. The professors — I lumped them together thus — were angry. But why, I asked myself, having returned the books, why, I repeated, standing under the colonnade among the pigeons and the prehistoric canoes, why are they angry? And, asking myself this question, I strolled off to find a place for luncheon. What is the real nature of what I call for the moment their anger? I asked. Here was a puzzle that would last all the time that it takes to be served with food in a small restaurant somewhere near the British Museum. Some previous luncher had left the lunch edition of the evening paper on a chair, and, waiting to be served, I began idly reading the headlines. A ribbon of very large letters ran across the page. Somebody had made a big score in South Africa. Lesser ribbons announced that Sir Austen Chamberlain was at Geneva. A meat axe with human hair on it had been found in a cellar. Mr Justice—— commented in the Divorce Courts upon the Shamelessness of Women. Sprinkled about the paper were other pieces of news. A film actress had been lowered

volteretas y círculos sobre la cara del enfadado profesor hasta que parecía un arbusto en llamas o un cometa en combustión... en fin, una aparición sin semblanza ni significado humano. El profesor no era ahora más que un leño ardiendo en la cima de Hampstead Heath. Pronto mi propio enfado se explicó y desapareció; pero la curiosidad permaneció. ¿Cómo explicar el enfado de los profesores? ¿Por qué estaban enfadados? Porque a la hora de analizar la impresión que dejaban estos libros siempre había un elemento de acaloramiento. Este acaloramiento adoptaba muchas formas; se manifestaba en la sátira, en el sentimiento, en la curiosidad, en la reprobación. Pero había otro elemento que a menudo estaba presente y que no podía identificarse inmediatamente. La ira, la llamaba yo. Pero era una ira que había pasado a la clandestinidad y se mezclaba con todo tipo de emociones. A juzgar por sus extraños efectos, era una ira disfrazada y compleja, no una ira simple y abierta.

Cualquiera que sea la razón, todos estos libros, pensé, examinando la pila sobre el escritorio, carecen de valor para mis propósitos. No tenían valor científico, es decir, aunque humanamente estaban llenos de instrucción, interés, aburrimiento y datos muy extraños sobre las costumbres de los isleños de Fiji. Habían sido escritos a la luz roja de la emoción y no a la luz blanca de la verdad. Por lo tanto, debían ser devueltos al escritorio central y devueltos cada uno a su propia celdilla en el enorme panal. Todo lo que había recuperado del trabajo de esa mañana había sido el único hecho de la ira. Los profesores —los agrupé así— estaban enfadados. Pero ¿por qué, me pregunté, tras devolver los libros, por qué, repetí, de pie bajo la columnata entre las palomas y las canoas prehistóricas, por qué están enfadados? Y, haciéndome esta pregunta, me fui a buscar un lugar para almorzar. ¿Cuál es la verdadera naturaleza de lo que yo llamo, por el momento, su ira? me pregunté. He aquí un enigma que duraría todo el tiempo que se tarda en servir la comida en un pequeño restaurante en algún lugar cercano al Museo Británico. Algún comensal anterior había dejado la edición del almuerzo del periódico de la tarde sobre una silla, y, a la espera de que me sirvieran, comencé a leer ociosamente los titulares. Un renglón de letras muy grandes recorría la página. Alguien había conseguido un gran resultado en Sudáfrica. Otras cintas más pequeñas anunciaban que Sir Austen Chamberlain estaba en Ginebra. Se había encontrado un hacha de carne con pelo humano en un sótano. El juez fulano comentó en los tribunales de

from a peak in California and hung suspended in mid-air. The weather was going to be foggy. The most transient visitor to this planet, I thought, who picked up this paper could not fail to be aware, even from this scattered testimony, that England is under the rule of a patriarchy. Nobody in their senses could fail to detect the dominance of the professor. His was the power and the money and the influence. He was the proprietor of the paper and its editor and sub-editor. He was the Foreign Secretary and the judge. He was the cricketer; he owned the racehorses and the yachts. He was the director of the company that pays two hundred per cent to its shareholders. He left millions to charities and colleges that were ruled by himself. He suspended the film actress in mid-air. He will decide if the hair on the meat axe is human; he it is who will acquit or convict the murderer, and hang him, or let him go free. With the exception of the fog he seemed to control everything. Yet he was angry. I knew that he was angry by this token. When I read what he wrote about women − I thought, not of what he was saying, but of himself. When an arguer argues dispassionately he thinks only of the argument; and the reader cannot help thinking of the argument too. If he had written dispassionately about women, had used indisputable proofs to establish his argument and had shown no trace of wishing that the result should be one thing rather than another, one would not have been angry either. One would have accepted the fact, as one accepts the fact that a pea is green or a canary yellow. So be it, I should have said. But I had been angry because he was angry. Yet it seemed absurd, I thought, turning over the evening paper, that a man with all this power should be angry. Or is anger, I wondered, somehow, the familiar, the attendant sprite on power? Rich people, for example, are often angry because they suspect that the poor want to seize their wealth. The professors, or patriarchs, as it might be more accurate to call them, might be angry for that reason partly, but partly for one that lies a little less obviously on the surface. Possibly they were not 'angry' at all; often, indeed, they were admiring, devoted, exemplary in the relations of private life. Possibly when the professor insisted a little too emphatically upon the inferiority of women, he was concerned not with their inferiority, but with his own superiority. That was what he was protecting rather hot-headedly and with too much emphasis, because it was a jewel to him of the rarest price. Life for both sexes − and I looked at them, shouldering their way along the pavement − is arduous, difficult, a perpetual struggle. It calls for gigantic courage

divorcio la desvergüenza de las mujeres. Otras noticias salpicaban el periódico. Una actriz de cine había sido bajada de un pico en California y suspendida en el aire. El tiempo iba a ser brumoso. El visitante más transitorio a este planeta, pensé, que recogiera este periódico no podía dejar de ser consciente, incluso por este testimonio disperso, de que Inglaterra está bajo el dominio de un patriarcado. Nadie en su sano juicio podía dejar de detectar el dominio del profesor. Suyo era el poder, el dinero y la influencia. Era el propietario del periódico y su editor y subeditor. Era el Secretario de Asuntos Exteriores y el juez. Era el jugador de cricket; poseía los caballos de carreras y los yates. Era el director de la empresa que paga el doscientos por cien a sus accionistas. Dejó millones a organizaciones benéficas y colegios que fueron gobernados por él mismo. Suspendió a la actriz de cine en el aire. Él decidirá si el pelo del hacha de carne es humano; él es quien absolverá o condenará al asesino, y lo colgará, o lo dejará libre. A excepción de la niebla, parecía controlarlo todo. Sin embargo, estaba enfadado. Yo sabía que estaba enfadado por esta razón. Cuando leí lo que escribió sobre las mujeres, yo pensé, no en lo que él decía, sino en él mismo. Cuando un argumentador argumenta desapasionadamente, sólo piensa en el argumento; y el lector no puede evitar pensar también en el argumento. Si hubiera escrito desapasionadamente sobre las mujeres, si hubiera utilizado pruebas indiscutibles para establecer su argumento y no hubiera mostrado ningún rastro de querer que el resultado fuera una cosa y no otra, una tampoco se habría enfadado. Se habría aceptado el hecho, como se acepta que un guisante sea verde o un canario amarillo. Que así sea, debería haber dicho. Pero yo me había enfadado porque él estaba enfadado. Sin embargo, me parecía absurdo, pensé, dando la vuelta al periódico de la tarde, que un hombre con todo ese poder se enfadara. ¿O es la ira, me pregunté, de alguna manera, el duende familiar, el espíritu que acompaña al poder? Los ricos, por ejemplo, suelen enfadarse porque sospechan que los pobres quieren apoderarse de su riqueza. Los profesores, o los patriarcas, como podría ser más preciso llamarlos, podrían estar enfadados en parte por esa razón, pero en parte por otra que se encuentra un poco menos obviamente en la superficie. Posiblemente no estaban «enfadados» en absoluto; a menudo, de hecho, eran admirativos, devotos, ejemplares en las relaciones de la vida privada. Posiblemente, cuando el profesor insistía demasiado en la inferioridad de las mujeres, no se preocupaba por la inferioridad de ellas, sino por su propia superioridad. Eso era lo que protegía de for-

and strength. More than anything, perhaps, creatures of illusion as we are, it calls for confidence in oneself. Without self-confidence we are as babes in the cradle. And how can we generate this imponderable quality, which is yet so invaluable, most quickly? By thinking that other people are inferior to one self. By feeling that one has some innate superiority — it may be wealth, or rank, a straight nose, or the portrait of a grandfather by Romney — for there is no end to the pathetic devices of the human imagination — over other people. Hence the enormous importance to a patriarch who has to conquer, who has to rule, of feeling that great numbers of people, half the human race indeed, are by nature inferior to himself. It must indeed be one of the chief sources of his power. But let me turn the light of this observation on to real life, I thought. Does it help to explain some of those psychological puzzles that one notes in the margin of daily life? Does it explain my astonishment of the other day when Z, most humane, most modest of men, taking up some book by Rebecca West and reading a passage in it, exclaimed, 'The arrant feminist! She says that men are snobs!' The exclamation, to me so surprising — for why was Miss West an arrant feminist for making a possibly true if uncomplimentary statement about the other sex? — was not merely the cry of wounded vanity; it was a protest against some infringement of his power to believe in himself. Women have served all these centuries as looking-glasses possessing the magic and delicious power of reflecting the figure of man at twice its natural size. Without that power probably the earth would still be swamp and jungle. The glories of all our wars would be unknown. We should still be scratching the outlines of deer on the remains of mutton bones and bartering flints for sheep skins or whatever simple ornament took our unsophisticated taste. Supermen and Fingers of Destiny would never have existed. The Czar and the Kaiser would never have worn crowns or lost them. Whatever may be their use in civilized societies, mirrors are essential to all violent and heroic action. That is why Napoleon and Mussolini both insist so emphatically upon the inferiority of women, for if they were not inferior, they would cease to enlarge. That serves to explain in part the necessity that women so often are to men. And it serves to explain how restless they are under her criticism; how impossible it is for her to say to them this book is bad, this picture is feeble, or whatever it may be, without giving far more pain and rousing far more anger than a man would do who gave the same criticism. For if she begins to tell the truth, the figure in the looking-glass

ma un tanto acalorada y con demasiado énfasis, porque para él era una joya del más raro precio. La vida para ambos sexos —y los miraba, abriéndose paso a hombros por la acera— es ardua, difícil, una lucha perpetua. Requiere un valor y una fuerza gigantescos. Más que nada, quizás, criaturas de la ilusión como somos, exige confianza en una misma. Sin confianza en una misma somos como bebés en la cuna. ¿Y cómo podemos generar esta imponderable cualidad, que sin embargo es tan valiosa, más rápidamente? Pensando que los demás son inferiores a una misma. Sintiendo que una tiene alguna superioridad innata —puede ser la riqueza, o el rango, una nariz recta, o el retrato de un abuelo hecho por Romney; porque no hay fin a los dispositivos patéticos de la imaginación humana— sobre otras personas. De ahí la enorme importancia que tiene para un patriarca que tiene que conquistar, que tiene que gobernar, el sentir que un gran número de personas, la mitad de la raza humana, son por naturaleza inferiores a él. Debe ser una de las principales fuentes de su poder. Pero permítanme trasladar la luz de esta observación a la vida real, pensé. ¿Ayuda esto a explicar algunos de esos enigmas psicológicos que uno observa al margen de la vida cotidiana? ¿Explica mi asombro del otro día, cuando Z, el más humano y modesto de los hombres, tomando un libro de Rebecca West y leyendo un pasaje del mismo, exclamó: «¡La feminista más descarada! Dice que los hombres son unos snobs». La exclamación, para mí fue sorprendente, pues ¿por qué la señorita West era una feminista descarada por hacer una afirmación posiblemente cierta, aunque poco halagadora, sobre el otro sexo? No era simplemente el grito de una vanidad herida; era una protesta contra alguna infracción de su poder de creer en sí mismo. Las mujeres han servido durante todos estos siglos como espejos que poseen el mágico y delicioso poder de reflejar la figura del hombre al doble de su tamaño natural. Sin ese poder, probablemente la tierra seguiría siendo un pantano y una selva. Las glorias de todas nuestras guerras serían desconocidas. Todavía estaríamos rayando las siluetas de los ciervos en los restos de los huesos de cordero y trocando pedernales por pieles de oveja o cualquier otro adorno sencillo que se ajustara a nuestro poco sofisticado gusto. Los Superhombres y Dedos del Destino nunca habrían existido. El zar y el káiser nunca habrían llevado coronas ni las habrían perdido. Sea cual sea su utilidad en las sociedades civilizadas, los espejos son esenciales para toda acción violenta y heroica. Por eso, tanto Napoleón como Mussolini insisten con tanto énfasis en la inferioridad de las muje-

shrinks; his fitness for life is diminished. How is he to go on giving judgement, civilizing natives, making laws, writing books, dressing up and speechifying at banquets, unless he can see himself at breakfast and at dinner at least twice the size he really is? So I reflected, crumbling my bread and stirring my coffee and now and again looking at the people in the street. The looking-glass vision is of supreme importance because it charges the vitality; it stimulates the nervous system. Take it away and man may die, like the drug fiend deprived of his cocaine. Under the spell of that illusion, I thought, looking out of the window, half the people on the pavement are striding to work. They put on their hats and coats in the morning under its agreeable rays. They start the day confident, braced, believing themselves desired at Miss Smith's tea party; they say to themselves as they go into the room, I am the superior of half the people here, and it is thus that they speak with that self-confidence, that self-assurance, which have had such profound consequences in public life and lead to such curious notes in the margin of the private mind.

But these contributions to the dangerous and fascinating subject of the psychology of the other sex — it is one, I hope, that you will investigate when you have five hundred a year of your own — were interrupted by the necessity of paying the bill. It came to five shillings and ninepence. I gave the waiter a ten-shilling note and he went to bring me change. There was another ten-shilling note in my purse; I noticed it, because it is a fact that still takes my breath away the power of my purse to breed ten-shilling notes automatically. I open it and there they are. Society gives me chicken and coffee, bed and lodging, in return for a certain number of pieces of paper which were left me by an aunt, for no other reason than that I share her name.

My aunt, Mary Beton, I must tell you, died by a fall from her horse

res, pues si no fueran inferiores, dejarían de engrandecer. Eso sirve para explicar, en parte, la necesidad que las hombres tienen tan a menudo de las mujeres. Y sirve para explicar lo inquietos que están bajo su crítica; lo imposible que es para ella decirles que este libro es malo, que este cuadro es poco convincente, o lo que sea, sin causar mucho más dolor y despertar mucha más ira que lo que haría un hombre que hiciera la misma crítica. Porque si ella empieza a decir la verdad, la figura en el espejo se encoge; su aptitud para la vida disminuye. ¿Cómo va a seguir juzgando, civilizando a los nativos, haciendo leyes, escribiendo libros, vistiéndose de etiqueta y dando discursos en los banquetes, a menos que pueda verse a sí mismo en el desayuno y en la cena por lo menos del doble de su tamaño real? Así reflexioné, desmenuzando mi pan y revolviendo mi café y de vez en cuando mirando a la gente en la calle. La visión del espejo es de suprema importancia porque carga de vitalidad; estimula el sistema nervioso. Si se la quita, el hombre puede morir, como el drogadicto privado de su cocaína. Bajo el hechizo de esa ilusión, pensé, mirando por la ventana, la mitad de la gente de la acera se dirige a su trabajo a grandes zancadas. Se ponen el sombrero y el abrigo por la mañana bajo sus agradables rayos. Empiezan el día confiados, con bríos, creyéndose deseados en la fiesta del té de la señorita Smith; se dicen a sí mismos al entrar en la sala, soy el superior de la mitad de los presentes, y es así como hablan con esa confianza en sí mismos, con esa seguridad en sí mismos, que han tenido consecuencias tan profundas en la vida pública y que dan lugar a notas tan curiosas en el margen de la mente privada.

Pero estas contribuciones al peligroso y fascinante tema de la psicología del otro sexo —es uno, espero, que ustedes investigarán cuando tengan quinientas libras al año— se vieron interrumpidas por la necesidad de pagar la cuenta. Era de cinco chelines y nueve peniques. Le di al camarero un billete de diez chelines y él fue a traerme el cambio. Había otro billete de diez chelines en mi monedero; me di cuenta, porque es un hecho que todavía me deja sin aliento, el poder de mi monedero para engendrar billetes de diez chelines automáticamente. Lo abro y ahí están. La sociedad me da pollo y café, cama y alojamiento, a cambio de un cierto número de papeles que me dejó una tía, sin más razón que la de compartir su nombre.

Mi tía, Mary Beton, déjenme contarlo, murió por una caída de su

when she was riding out to take the air in Bombay. The news of my legacy reached me one night about the same time that the act was passed that gave votes to women. A solicitor's letter fell into the post-box and when I opened it I found that she had left me five hundred pounds a year for ever. Of the two — the vote and the money — the money, I own, seemed infinitely the more important. Before that I had made my living by cadging odd jobs from newspapers, by reporting a donkey show here or a wedding there; I had earned a few pounds by addressing envelopes, reading to old ladies, making artificial flow-ers, teaching the alphabet to small children in a kindergarten. Such were the chief occupations that were open to women before 1918. I need not, I am afraid, describe in any detail the hardness of the work, for you know perhaps women who have done it; nor the difficulty of living on the money when it was earned, for you may have tried. But what still remains with me as a worse infliction than either was the poison of fear and bitterness which those days bred in me. To begin with, always to be doing work that one did not wish to do, and to do it like a slave, flattering and fawning, not always necessarily perhaps, but it seemed necessary and the stakes were too great to run risks; and then the thought of that one gift which it was death to hide — a small one but dear to the possessor — perishing and with it my self, my soul, — all this became like a rust eating away the bloom of the spring, destroying the tree at its heart. However, as I say, my aunt died; and whenever I change a ten-shilling note a little of that rust and corrosion is rubbed off, fear and bitterness go. Indeed, I thought, slipping the silver into my purse, it is remarkable, remembering the bitterness of those days, what a change of temper a fixed income will bring about. No force in the world can take from me my five hun-dred pounds. Food, house and clothing are mine forever. Therefore not merely do effort and labour cease, but also hatred and bitterness. I need not hate any man; he cannot hurt me. I need not flatter any man; he has nothing to give me. So imperceptibly I found myself adopting a new attitude towards the other half of the human race. It was absurd to blame any class or any sex, as a whole. Great bodies of people are never responsible for what they do. They are driven by instincts which are not within their control. They too, the patriarchs, the professors, had endless difficulties, terrible drawbacks to con-tend with. Their education had been in some ways as faulty as my own. It had bred in them defects as great. True, they had money and power, but only at the cost of harbouring in their breasts an eagle, a

caballo cuando salía a tomar el aire en Bombay. La noticia de su legado me llegó una noche, casi al mismo tiempo que se aprobaba la ley que otorgaba el voto a las mujeres. Una carta de un abogado cayó en el buzón y cuando la abrí descubrí que me había dejado quinientas libras al año para siempre. De las dos cosas —el voto y el dinero—, el dinero me pareció infinitamente más importante. Antes de eso, me había ganado la vida haciendo trabajos esporádicos en los periódicos, informando acerca de un espectáculo de burros por aquí o de una boda por allá; había ganado algunas libras endosando sobres, leyendo a las ancianas, haciendo flores artificiales, enseñando el alfabeto a los niños pequeños en un jardín de infantes. Tales eran las principales ocupaciones a las que podían acceder las mujeres antes de 1918. Me temo que no es necesario que describa con detalle la dureza del trabajo, pues tal vez ustedes conozcan a mujeres que lo han hecho; ni la dificultad de vivir con el dinero cuando hay que ganarlo, pues tal vez lo hayan intentado. Pero lo que aún me queda como peor inflicción que cualquiera de estas dos cosas fue el veneno del miedo y la amargura que aquellos días me generaron. Para empezar, estar siempre haciendo un trabajo que una no deseaba hacer, y hacerlo como una esclava, halagando y adulando, no siempre necesariamente quizás, pero parecía necesario y lo que estaba en juego era demasiado grande para correr riesgos; y luego el pensamiento de que era un martirio ocultar ese don —uno pequeño pero querido para el poseedor—, que pudiera perecer y con él mi yo, mi alma, todo esto se convirtió en un óxido que carcomía la floración de la primavera, destruyendo el árbol en su corazón. Sin embargo, como digo, mi tía murió; y cada vez que cambio un billete de diez chelines se desprende un poco de ese óxido y corrosión, el miedo y la amargura se van. En efecto, pensé, deslizando el cambio en mi cartera, es notable, recordando la amargura de aquellos días, el cambio de temperamento que produce un ingreso fijo. Ninguna fuerza del mundo puede quitarme mis quinientas libras. La comida, la casa y la ropa son mías para siempre. Por lo tanto, no sólo cesan el esfuerzo y el trabajo, sino también el odio y la amargura. No necesito odiar a ningún hombre; él no puede hacerme daño. No necesito adular a ningún hombre; no tiene nada que darme. Así, imperceptiblemente, me encontré adoptando una nueva actitud hacia la otra mitad de la raza humana. Era absurdo culpar a una clase o a un sexo en su conjunto. Los grandes grupos de personas nunca son responsables de lo que hacen. Se dejan llevar por instintos que no están bajo su control. También ellos,

vulture, forever tearing the liver out and plucking at the lungs — the instinct for possession, the rage for acquisition which drives them to desire other people's fields and goods perpetually; to make frontiers and flags; battleships and poison gas; to offer up their own lives and their children's lives. Walk through the Admiralty Arch (I had reached that monument), or any other avenue given up to trophies and cannon, and reflect upon the kind of glory celebrated there. Or watch in the spring sunshine the stockbroker and the great barrister going indoors to make money and more money and more money when it is a fact that five hundred pounds a year will keep one alive in the sunshine. These are unpleasant instincts to harbour, I reflected. They are bred of the conditions of life; of the lack of civilization, I thought, looking at the statue of the Duke of Cambridge, and in particular at the feathers in his cocked hat, with a fixity that they have scarcely ever received before. And, as I realized these drawbacks, by degrees fear and bitterness modified themselves into pity and toleration; and then in a year or two, pity and toleration went, and the greatest release of all came, which is freedom to think of things in themselves. That building, for example, do I like it or not? Is that picture beautiful or not? Is that in my opinion a good book or a bad? Indeed my aunt's legacy unveiled the sky to me, and substituted for the large and imposing figure of a gentleman, which Milton recommended for my perpetual adoration, a view of the open sky.

So thinking, so speculating I found my way back to my house by the river. Lamps were being lit and an indescribable change had come over London since the morning hour. It was as if the great machine after labouring all day had made with our help a few yards of something very exciting and beautiful — a fiery fabric flashing with red eyes, a tawny monster roaring with hot breath. Even the wind seemed flung like a flag as it lashed the houses and rattled the hoardings.

los patriarcas, los profesores, tenían un sinfín de dificultades, terribles inconvenientes con los que lidiar. Su educación había sido en cierto modo tan defectuosa como la mía. Había engendrado en ellos defectos tan grandes como los míos. Es cierto que tenían dinero y poder, pero sólo a costa de albergar en sus pechos un águila, un buitre, que siempre les arranca el hígado y les despluma los pulmones: el instinto de posesión, la rabia por la adquisición que les impulsa a desear perpetuamente los campos y los bienes de los demás; a hacer fronteras y banderas; acorazados y gas venenoso; a ofrecer sus propias vidas y las de sus hijos. Paseen por el Admiralty Arch (yo había llegado a ese monumento) o por cualquier otra avenida dedicada a los trofeos y los cañones, y reflexionen sobre el tipo de gloria que allí se celebra. O vean, bajo el sol de primavera, al corredor de bolsa y al gran abogado que van al interior de los edificios para ganar dinero y más dinero y más dinero, cuando es un hecho que quinientas libras al año lo mantendrán a una viva bajo el sol. Reflexioné que estos son instintos desagradables para albergar. Son fruto de las condiciones de la vida; de la falta de civilización, pensé, mirando la estatua del Duque de Cambridge, y en particular las plumas de su sombrero ladeado, con una fijeza que apenas habían recibido antes. Y, al darme cuenta de estos inconvenientes, poco a poco el miedo y la amargura se fueron modificando hasta convertirse en piedad y tolerancia; y luego, en un año o dos, la piedad y la tolerancia se fueron, y llegó la mayor liberación de todas, que es la libertad de pensar en las cosas en sí mismas. Ese edificio, por ejemplo, ¿me gusta o no? ¿Es ese cuadro bello o no? En mi opinión, ¿es un buen libro o uno malo? En efecto, el legado de mi tía me descubrió el cielo y sustituyó la figura grande e imponente de un caballero, que Milton recomendaba para mi adoración perpetua, por una vista del cielo abierto.

Así, pensando y especulando, encontré el camino de vuelta a mi casa junto al río. Las lámparas se estaban encendiendo y un cambio indescriptible había llegado a Londres desde la hora de la mañana. Era como si la gran máquina, después de trabajar todo el día, hubiera hecho con nuestra ayuda unas yardas de algo muy excitante y hermoso: una tela ardiente que destellaba con ojos rojos, un monstruo leonado que rugía con aliento caliente. Incluso el viento parecía agitado como una bandera cuando azotaba las casas y hacía sonar las vallas.

In my little street, however, domesticity prevailed. The house painter was descending his ladder; the nursemaid was wheeling the perambulator carefully in and out back to nursery tea; the coal-heaver was folding his empty sacks on top of each other; the woman who keeps the green grocer's shop was adding up the day's takings with her hands in red mittens. But so engrossed was I with the problem you have laid upon my shoulders that I could not see even these usual sights without referring them to one centre. I thought how much harder it is now than it must have been even a century ago to say which of these employments is the higher, the more necessary. Is it better to be a coal-heaver or a nursemaid; is the charwoman who has brought up eight children of less value to the world than, the barrister who has made a hundred thousand pounds? it is useless to ask such questions; for nobody can answer them. Not only do the comparative values of charwomen and lawyers rise and fall from decade to decade, but we have no rods with which to measure them even as they are at the moment. I had been foolish to ask my professor to furnish me with 'indisputable proofs' of this or that in his argument about women. Even if one could state the value of any one gift at the moment, those values will change; in a century's time very possibly they will have changed completely. Moreover, in a hundred years, I thought, reaching my own doorstep, women will have ceased to be the protected sex. Logically they will take part in all the activities and exertions that were once denied them. The nursemaid will heave coal. The shopwoman will drive an engine. All assumptions founded on the facts observed when women were the protected sex will have disappeared — as, for example (here a squad of soldiers marched down the street), that women and clergymen and gardeners live longer than other people. Remove that protection, expose them to the same exertions and activities, make them soldiers and sailors and engine-drivers and dock labourers, and will not women die off so much younger, so much quicker, than men that one will say, 'I saw a woman to-day', as one used to say, 'I saw an aeroplane'. Anything may happen when womanhood has ceased to be a protected occupation, I thought, opening the door. But what bearing has all this upon the subject of my paper, Women and Fiction? I asked, going indoors.

En mi pequeña calle, sin embargo, prevalecía la domesticidad. El pintor de la casa bajaba de su escalera; la niñera hacía rodar el cochecito con cuidado para entrar y salir de la parte trasera de la escuela infantil; el carbonero doblaba sus sacos vacíos, uno encima de otro; la mujer que lleva la verdulería sumaba la recaudación del día con sus manos en mitones rojos. Pero yo estaba tan absorta con el problema que me han planteado ustedes que no podía ver ni siquiera estas acciones habituales sin remitirlas a un centro. Pensé en lo difícil que es ahora en comparación con lo que debió ser hace un siglo decir cuál de estos empleos es el más alto, el más necesario. ¿Es mejor ser una mujer de la limpieza o una niñera? ¿Es menos valiosa para el mundo la mujer de la limpieza que ha criado ocho hijos que el abogado que ha ganado cien mil libras? No vale la pena preguntar eso, porque nadie puede contestarlo. No sólo los valores comparativos de las mujeres de la limpieza y los abogados suben y bajan de década en década, sino que no tenemos varas con las que medirlos ni siquiera en su estado actual. He sido una tonta al pedirle a mi profesor que me proporcione «pruebas irrefutables» de esto o aquello en su argumento sobre las mujeres. Incluso si una pudiera establecer el valor de cualquier don en este momento, esos valores cambiarán; dentro de un siglo muy posiblemente habrán cambiado por completo. Además, dentro de cien años, pensé, llegando a mi propia puerta, las mujeres habrán dejado de ser el sexo protegido. Lógicamente, participarán en todas las actividades y esfuerzos que antes se les negaban. La niñera tirará carbón. La mujer de la tienda conducirá un vehículo. Todas las suposiciones basadas en los hechos observados cuando las mujeres eran el sexo protegido habrán desaparecido, como por ejemplo (aquí un pelotón de soldados marchaba por la calle), que las mujeres y los clérigos y los jardineros viven más tiempo que otras personas. Quiten esa protección, expónganlos a los mismos esfuerzos y actividades, conviértanlos en soldados y marineros y maquinistas y trabajadores portuarios, y morirán las mujeres mucho más jóvenes, mucho más temprano, que los hombres, y uno dirá: «Hoy he visto una mujer», como uno solía decir: «He visto un avión». Cualquier cosa puede suceder cuando el hecho de ser mujer haya dejado de ocupar una situación especial, pensé, abriendo la puerta. Pero, ¿qué relación tiene todo esto con el tema de mi artículo, «Las mujeres y la ficción»?, me pregunté, entrando en casa.

THREE

It was disappointing not to have brought back in the evening some important statement, some authentic fact. Women are poorer than men because — this or that. Perhaps now it would be better to give up seeking for the truth, and receiving on one's head an avalanche of opinion hot as lava, discoloured as dish-water. It would be better to draw the curtains; to shut out distractions; to light the lamp; to narrow the enquiry and to ask the historian, who records not opinions but facts, to describe under what conditions women lived, not throughout the ages, but in England, say, in the time of Elizabeth.

For it is a perennial puzzle why no woman wrote a word of that extraordinary literature when every other man, it seemed, was capable of song or sonnet. What were the conditions in which women lived? I asked myself; for fiction, imaginative work that is, is not dropped like a pebble upon the ground, as science may be; fiction is like a spider's web, attached ever so lightly perhaps, but still attached to life at all four corners. Often the attachment is scarcely perceptible; Shakespeare's plays, for instance, seem to hang there complete by themselves. But when the web is pulled askew, hooked up at the edge, torn in the middle, one remembers that these webs are not spun in mid-air by incorporeal creatures, but are the work of suffering human beings, and are attached to grossly material things, like health and money and the houses we live in.

I went, therefore, to the shelf where the histories stand and took down one of the latest, Professor Trevelyan's *History of England*. Once more I looked up Women, found 'position of' and turned to the pages indicated. 'Wife-beating', I read, 'was a recognized right of man, and was practised without shame by high as well as low... Similarly,' the historian goes on, 'the daughter who refused to marry the gentleman of her parents' choice was liable to be locked up, beaten and flung about the room, without any shock being inflicted on public opinion. Marriage was not an affair of personal affection, but of family avarice, particularly in the "chivalrous" upper classes... Betrothal often took place while one or both of the parties was in the cradle, and marriage

TRES

Fue decepcionante no haber traído por la noche alguna declaración importante, algún hecho auténtico. Las mujeres son más pobres que los hombres porque... esto o aquello. Quizás ahora sería mejor renunciar a buscar la verdad, y recibir sobre la cabeza una avalancha de opiniones calientes como la lava, descoloridas como el agua de fregar. Sería mejor correr las cortinas; apartar las distracciones; encender la lámpara; acotar la investigación y pedir al historiador, que no registra opiniones sino hechos, que describa en qué condiciones vivían las mujeres, no a través de los tiempos, sino en Inglaterra, digamos, en la época de Isabel I.

Es un eterno misterio el hecho que ninguna mujer escribió ni una palabra de esa extraordinaria literatura cuando la mitad de los hombres, al parecer, eran capaces de componer una canción o un soneto. ¿Cuáles eran las condiciones en las que vivían las mujeres? me pregunté; porque la ficción, es decir, la obra imaginativa, no se deja caer como un guijarro en el suelo, como puede ser la ciencia; la ficción es como una tela de araña, unida, muy ligeramente, pero unida sin embargo, a la vida por las cuatro esquinas. A menudo, el apego es apenas perceptible; las obras de Shakespeare, por ejemplo, parecen colgar allí por sí mismas. Pero cuando la telaraña se tambalea, se engancha en el borde, se rompe en el centro, una recuerda que esas telarañas no son tejidas en el aire por criaturas incorpóreas, sino que son obra de seres humanos que sufren, y están atadas a cosas groseramente materiales, como la salud y el dinero y las casas en las que vivimos.

Me dirigí, pues, al estante donde están las historias y tomé una de las últimas, la *Historia de Inglaterra* del Profesor Trevelyan. Una vez más busqué «Mujeres», encontré «posición de» y pasé a las páginas indicadas. «La paliza a la esposa», leí, «era un derecho reconocido del hombre y se practicaba sin vergüenza tanto por los de clase alta como baja... Asimismo», el historiador prosigue diciendo, «la hija que se negaba a casarse con el caballero elegido por sus padres podía ser encerrada, golpeada y zarandeada por la habitación, sin que la opinión pública sufriera ninguna conmoción. El matrimonio no era un asunto de afecto personal, sino de avaricia familiar, sobre todo en las clases altas "caballerescas"... Los esponsales solían tener lugar

when they were scarcely out of the nurses' charge.' That was about 1470, soon after Chaucer's time. The next reference to the position of women is some two hundred years later, in the time of the Stuarts. 'It was still the exception for women of the upper and middle class to choose their own husbands, and when the husband had been assigned, he was lord and master, so far at least as law and custom could make him. Yet even so,' Professor Trevelyan concludes, 'neither Shakespeare's women nor those of authentic seventeenth-century memoirs, like the Verneys and the Hutchinsons, seem wanting in personality and character.' Certainly, if we consider it, Cleopatra must have had a way with her; Lady Macbeth, one would suppose, had a will of her own; Rosalind, one might conclude, was an attractive girl. Professor Trevelyan is speaking no more than the truth when he remarks that Shakespeare's women do not seem wanting in personality and character. Not being a historian, one might go even further and say that women have burnt like beacons in all the works of all the poets from the beginning of time — Clytemnestra, Antigone, Cleopatra, Lady Macbeth, Phedre, Cressida, Rosalind, Desdemona, the Duchess of Malfi, among the dramatists; then among the prose writers: Millamant, Clarissa, Becky Sharp, Anna Karenina, Emma Bovary, Madame de Guermantes — the names flock to mind, nor do they recall women 'lacking in personality and character.' Indeed, if woman had no existence save in the fiction written by men, one would imagine her a person of the utmost importance; very various; heroic and mean; splendid and sordid; infinitely beautiful and hideous in the extreme; as great as a man, some think even greater.[6] But this is

6 'It remains a strange and almost inexplicable fact that in Athena's city, where women were kept in almost Oriental suppression as odalisques or drudges, the stage should yet have produced figures like Clytemnestra and Cassandra, Atossa and Antigone, Phedre and Medea, and all the other heroines who dominate play after play of the "misogynist" Euripides. But the paradox of this world where in real life a respectable woman could hardly show her face alone in the street, and yet on the stage woman equals or surpasses man, has never been satisfactorily explained. In modern tragedy the same predominance exists. At all events, a very cursory survey of Shakespeare's work (similarly with Webster, though not with Marlowe or Jonson) suffices to reveal how this dominance, this initiative of women, persists from Rosalind to Lady Macbeth. So too in Racine; six of his tragedies bear their heroines' names; and what male characters of his shall we

mientras una o ambas partes estaban en la cuna, y el matrimonio cuando apenas habían dejado de estar a cargo de las institutrices». Eso fue hacia 1470, poco después de la época de Chaucer. La siguiente referencia a la posición de las mujeres viene de unos doscientos años después, en la época de los Estuardo. «Todavía era una excepción que las mujeres de la clase alta y media eligieran a sus propios maridos, y cuando el marido había sido asignado, era el señor y el dueño, al menos hasta donde la ley y la costumbre podían hacerlo. Pero aun así», concluye el Profesor Trevelyan, «ni las mujeres de Shakespeare ni las de las memorias auténticas del siglo XVII, como las Verney y las Hutchinson, parecen carecer de personalidad y carácter». Ciertamente, si lo consideramos, Cleopatra debió de tener una forma de ser; Lady Macbeth, se supone, tenía voluntad propia; Rosalinda, se podría concluir, era una chica atractiva. El Profesor Trevelyan no dice más que la verdad cuando señala que las mujeres de Shakespeare no parecen carecer de personalidad y carácter. Sin ser historiador, una podría ir más allá y decir que las mujeres han ardido como faros en todas las obras de todos los poetas desde el principio de los tiempos: Clitemnestra, Antígona, Cleopatra, Lady Macbeth, Fedra, Crésida, Rosalinda, Desdémona, la Duquesa de Malfi, entre los dramaturgos; luego entre los prosistas: Millamant, Clarissa, Becky Sharp, Ana Karenina, Emma Bovary, Madame de Guermantes... los nombres acuden a la mente, ni recuerdan a mujeres «carentes de personalidad y carácter». De hecho, si la mujer no existiera más que en la ficción escrita por hombres, una se la imaginaría como una persona de la mayor importancia; muy variada; heroica y mezquina; espléndida y sórdida; infinitamente bella y horrible en extremo; tan grande como un hombre, algunos piensan que incluso más[6]. Pero

---

6 «Sigue siendo un hecho extraño y casi inexplicable que en la ciudad de Atenea, donde las mujeres eran mantenidas en una supresión casi oriental como odaliscas o esclavas, el escenario haya producido figuras como Clitemnestra y Casandra, Atossa y Antígona, Fedra y Medea, y todas las demás heroínas que dominan obra tras obra del "misógino" Eurípides. Pero la paradoja de este mundo en el que, en la vida real, una mujer respetable apenas podría mostrar su rostro a solas en la calle y, sin embargo, en el escenario la mujer iguala o supera al hombre, nunca se ha explicado satisfactoriamente. En la tragedia moderna existe el mismo predominio. En cualquier caso, basta con hacer un repaso muy somero de la obra de Shakespeare (igualmente con Webster, aunque no con Marlowe o Jonson) para

woman in fiction. In fact, as Professor Trevelyan points out, she was locked up, beaten and flung about the room.

A very queer, composite being thus emerges. Imaginatively she is of the highest importance; practically she is completely insignificant. She pervades poetry from cover to cover; she is all but absent from history. She dominates the lives of kings and conquerors in fiction; in fact she was the slave of any boy whose parents forced a ring upon her finger. Some of the most inspired words, some of the most profound thoughts in literature fall from her lips; in real life she could hardly read, could scarcely spell, and was the property of her husband.

It was certainly an odd monster that one made up by reading the historians first and the poets afterwards — a worm winged like an eagle; the spirit of life and beauty in a kitchen chopping up suet. But these monsters, however amusing to the imagination, have no existence in fact. What one must do to bring her to life was to think poetically and prosaically at one and the same moment, thus keeping in touch with fact — that she is Mrs Martin, aged thirty-six, dressed in blue, wearing a black hat and brown shoes; but not losing sight of fiction either — that she is a vessel in which all sorts of spirits and forces are coursing and flashing perpetually. The moment, however, that one tries this method with the Elizabethan woman, one branch of illumination fails; one is held up by the scarcity of facts. One knows nothing detailed, nothing perfectly true and substantial about her. History scarcely mentions her. And I turned to Professor Trevelyan again to see what history meant to him. I found by looking at his chapter headings that it meant ——

'The Manor Court and the Methods of Open-field Agriculture ... The Cistercians and Sheep-farming ... The Crusades ... The University ... The House of Commons ... The Hundred Years' War ... The Wars of the Roses ... The Renaissance Scholars ... The Dissolution of the

---

set against Hermione and Andromaque, Berenice and Roxane, Phedre and Athalie? So again with Ibsen; what men shall we match with Solveig and Nora, Heda and Hilda Wangel and Rebecca West?' — F. L. Lucas, *Tragedy*, pp. 114-15.

esto es la mujer en la ficción. De hecho, como señala el profesor Trevelyan, era encerrada, golpeada y zarandeada por la habitación.

Surge así un ser muy extraño y compuesto. Imaginariamente es
de la mayor importancia; en la práctica es completamente insignificante. La poesía está impregnada de ella de principio a fin, pero la
historia no tiene nada que ver con ella. Domina la vida de los reyes
y conquistadores en la ficción; de hecho, era la esclava de cualquier
niño cuyos padres le impusieran un anillo en el dedo. Algunas de las
palabras más inspiradas, algunos de los pensamientos más profundos de la literatura salen de sus labios; en la vida real apenas sabía
leer, apenas sabía deletrear y era propiedad de su marido.

Ciertamente era un monstruo extraño que una se inventaba leyendo a los historiadores primero y a los poetas después: un gusano
con alas de águila; el espíritu de la vida y la belleza en una cocina
troceando sebo. Pero estos monstruos, por muy divertidos que sean
para la imaginación, no tienen existencia en los hechos. Lo que había
que hacer para darle vida era pensar poéticamente y prosaicamente
en un mismo momento, manteniendo así el contacto con los hechos:
que es la señora Martin, de treinta y seis años, vestida de azul, con
sombrero negro y zapatos marrones; pero sin perder de vista tampoco la ficción: que es un recipiente en el que corren y centellean
perpetuamente toda clase de espíritus y fuerzas. Sin embargo, en el
momento en que se intenta este método con la mujer isabelina, falla
una rama de la iluminación; una se ve detenida por la escasez de
hechos. No se sabe nada detallado, nada perfectamente verdadero y
sustancial sobre ella. La historia apenas la menciona. Y me dirigí de
nuevo al Profesor Trevelyan para ver qué significaba la historia para
él. Al mirar los títulos de sus capítulos, descubrí que significaba…

«La corte señorial y los métodos de agricultura de campo abierto…

comprobar cómo este predominio, esta iniciativa de la mujer, persiste desde Rosalinda hasta Lady Macbeth. Lo mismo ocurre con Racine; seis de sus
tragedias llevan el nombre de sus heroínas; y ¿qué personajes masculinos
de él pondremos frente a Hermiona y Andrómaca, Berenice y Roxana, Fedra y Atalía? Y lo mismo ocurre con Ibsen; ¿qué hombres debemos comparar con Solveig y Nora, Hedda e Hilda Wangel y Rebecca West?». F. L. Lucas,
Tragedy, pp. 114-15.

Monasteries ... Agrarian and Religious Strife ... The Origin of English Sea-power ... The Armada ...' and so on. Occasionally an individual woman is mentioned, an Elizabeth, or a Mary; a queen or a great lady. But by no possible means could middle-class women with nothing but brains and character at their command have taken part in any one of the great movements which, brought together, constitute the historian's view of the past. Nor shall we find her in collection of anecdotes. Aubrey hardly mentions her. She never writes her own life and scarcely keeps a diary; there are only a handful of her letters in existence. She left no plays or poems by which we can judge her. What one wants, I thought — and why does not some brilliant student at Newnham or Girton supply it? — is a mass of information; at what age did she marry; how many children had she as a rule; what was her house like, had she a room to herself; did she do the cooking; would she be likely to have a servant? All these facts lie somewhere, presumably, in parish registers and account books; the life of the average Elizabethan woman must be scattered about somewhere, could one collect it and make a book of it. It would be ambitious beyond my daring, I thought, looking about the shelves for books that were not there, to suggest to the students of those famous colleges that they should rewrite history, though I own that it often seems a little queer as it is, unreal, lop-sided; but why should they not add a supplement to history, calling it, of course, by some inconspicuous name so that women might figure there without impropriety? For one often catches a glimpse of them in the lives of the great, whisking away into the back ground, concealing, I sometimes think, a wink, a laugh, perhaps a tear. And, after all, we have lives enough of Jane Austen; it scarcely seems necessary to consider again the influence of the tragedies of Joanna Baillie upon the poetry of Edgar Allan Poe; as for myself, I should not mind if the homes and haunts of Mary Russell Mitford were closed to the public for a century at least. But what I find deplorable, I continued, looking about the bookshelves again, is that nothing is known about women before the eighteenth century. I have no model in my mind to turn about this way and that. Here am I asking why women did not write poetry in the Elizabethan age, and I am not sure how they were educated; whether they were taught to write; whether they had sitting-rooms to themselves; how many women had children before they were twenty-one; what, in short, they did from eight in the morning till eight at night. They had no money evidently; according to Professor Trevelyan they were married whether

Los cistercienses y la cría de ovejas... Las Cruzadas... La Universidad... La Cámara de los Comunes... La Guerra de los Cien Años... Las Guerras de las Rosas... Los eruditos del Renacimiento... La disolución de los monasterios... Las luchas agrarias y religiosas... El origen del poderío marítimo inglés... La Armada...», y así sucesivamente. De vez en cuando se menciona a una mujer individual, una Isabel o una María; una reina o una gran dama. Pero de ninguna manera las mujeres de clase media con nada más que el cerebro y el carácter a su disposición podrían haber tomado parte en cualquiera de los grandes movimientos que, reunidos, constituyen la visión del pasado del historiador. Tampoco la encontraremos en la colección de anécdotas. Aubrey apenas la menciona. Nunca escribe su propia vida y apenas lleva un diario; sólo existe un puñado de sus cartas. No dejó obras de teatro ni poemas por los que podamos juzgarla. Lo que se necesita, pensé —¿y por qué no lo hace algún brillante estudiante de Newnham o Girton?— es una gran cantidad de información: a qué edad se casó, cuántos hijos tuvo por lo general, cómo era su casa, si tenía una habitación para ella sola, si cocinaba, si era probable que tuviera una sirvienta. Todos estos datos se encuentran en algún lugar, presumiblemente, en los registros parroquiales y en los libros de cuentas; la vida de la mujer isabelina media debe estar dispersa en algún lugar, si se pudiera recoger y hacer un libro con ella. Sería ambicioso más allá de mi atrevimiento, pensé, buscando en los estantes libros que no estaban allí, sugerir a los estudiantes de esas famosas universidades que reescribieran la historia, aunque reconozco que a menudo parece un poco extraña por ser irreal y sesgada; pero ¿por qué no deberían añadir un suplemento a la historia, llamándola, por supuesto, con algún nombre discreto para que las mujeres pudieran figurar allí sin impropiedad? Porque a menudo se vislumbra en las vidas de los grandes, alejándose en el fondo, ocultando, a veces pienso, un guiño, una risa, tal vez una lágrima. Y, después de todo, tenemos suficientes vidas de Jane Austen; apenas parece necesario considerar de nuevo la influencia de las tragedias de Joanna Baillie en la poesía de Edgar Allan Poe; en cuanto a mí, no me importaría que las casas y los lugares de residencia de Mary Russell Mitford estuvieran cerrados al público durante un siglo al menos. Pero lo que me parece deplorable, continué, mirando de nuevo las bibliotecas, es que no se sepa nada de las mujeres anteriores al siglo XVIII. No tengo ningún modelo en mi mente para voltear por aquí y por allá. Aquí estoy preguntando por qué las mujeres no escribían poesía en la época isabelina, y no

they liked it or not before they were out of the nursery, at fifteen or sixteen very likely. It would have been extremely odd, even upon this showing, had one of them suddenly written the plays of Shakespeare, I concluded, and I thought of that old gentleman, who is dead now, but was a bishop, I think, who declared that it was impossible for any woman, past, present, or to come, to have the genius of Shakespeare. He wrote to the papers about it. He also told a lady who applied to him for information that cats do not as a matter of fact go to heaven, though they have, he added, souls of a sort. How much thinking those old gentlemen used to save one! How the borders of ignorance shrank back at their approach! Cats do not go to heaven. Women cannot write the plays of Shakespeare.

Be that as it may, I could not help thinking, as I looked at the works of Shakespeare on the shelf, that the bishop was right at least in this; it would have been impossible, completely and entirely, for any woman to have written the plays of Shakespeare in the age of Shakespeare. Let me imagine, since facts are so hard to come by, what would have happened had Shakespeare had a wonderfully gifted sister, called Judith, let us say. Shakespeare himself went, very probably, — his mother was an heiress — to the grammar school, where he may have learnt Latin — Ovid, Virgil and Horace — and the elements of grammar and logic. He was, it is well known, a wild boy who poached rabbits, perhaps shot a deer, and had, rather sooner than he should have done, to marry a woman in the neighbourhood, who bore him a child rather quicker than was right. That escapade sent him to seek his fortune in London. He had, it seemed, a taste for the theatre; he began by holding horses at the stage door. Very soon he got work in the theatre, became a successful actor, and lived at the hub of the universe, meeting everybody, knowing everybody, practising his art on the boards, exercising his wits in the streets, and even getting access to the palace of the queen. Meanwhile his extraordinarily gifted sister, let us suppose, remained at home. She was as adventurous, as imaginative, as agog to see the world as he was. But she was not sent to school. She had no chance of learning grammar and logic, let alone

estoy segura de cómo se educaban; si se les enseñaba a escribir; si tenían salones para ellas solas; cuántas mujeres tenían hijos antes de cumplir los veintiún años; qué hacían, en resumen, desde las ocho de la mañana hasta las ocho de la noche. Evidentemente, no tenían dinero; según el Profesor Trevelyan, se casaban, lo quisieran o no, antes de salir de la escuela infantil, muy probablemente a los quince o dieciséis años. Habría sido extremadamente extraño, incluso con esta demostración, que una de ellas hubiera escrito de repente las obras de Shakespeare, concluí, y pensé en ese viejo caballero, que ya está muerto, pero que era un obispo, creo, que declaró que era imposible que ninguna mujer, pasada, presente o futura, tuviera el genio de Shakespeare. Escribió a los periódicos al respecto. También le dijo a una señora que le pidió información que los gatos no van al cielo, aunque tienen, añadió, una especie de alma. ¡Cuánto pensamiento, aquellos viejos caballeros, le ahorran a una! ¡Cómo se encogieron las fronteras de la ignorancia al acercarse a ellos! Los gatos no van al cielo. Las mujeres no pueden escribir las obras de Shakespeare.

Sea como fuere, no pude evitar pensar, mientras miraba las obras de Shakespeare en la biblioteca, que el obispo tenía razón al menos en esto: habría sido imposible, total y completamente, que una mujer hubiera escrito las obras de Shakespeare en la época de Shakespeare. Permítanme imaginar, ya que los hechos son tan difíciles de conseguir, lo que habría sucedido si Shakespeare hubiera tenido una hermana maravillosamente dotada, llamada Judith, digamos. El propio Shakespeare fue, muy probablemente —su madre recibió una herencia—, a la escuela de gramática, donde puede haber aprendido latín —Ovidio, Virgilio y Horacio— y los elementos de gramática y lógica. Es bien sabido que era un muchacho salvaje que cazaba conejos furtivamente, tal vez disparó a un ciervo, y tuvo, bastante antes de lo que debería haber hecho, que casarse con una mujer de la vecindad, que le dio un hijo bastante más rápido de lo que era correcto. Esta escapada le llevó a buscar fortuna en Londres. Al parecer, le gustaba el teatro; empezó sujetando caballos en la puerta del teatro. Muy pronto consiguió trabajo en el teatro, se convirtió en un actor de éxito, y vivió en el centro del universo, conociendo a todo el mundo, practicando su arte sobre las tablas, ejercitando su ingenio en las calles, e incluso consiguiendo acceso al palacio de la reina. Mientras tanto, su extraordinariamente dotada hermana, supongamos, permanecía en casa. Era tan aventurera, tan imaginativa, tan ansiosa por ver el

of reading Horace and Virgil. She picked up a book now and then, one of her brother's perhaps, and read a few pages. But then her parents came in and told her to mend the stockings or mind the stew and not moon about with books and papers. They would have spoken sharply but kindly, for they were substantial people who knew the conditions of life for a woman and loved their daughter — indeed, more likely than not she was the apple of her father's eye. Perhaps she scribbled some pages up in an apple loft on the sly but was careful to hide them or set fire to them. Soon, however, before she was out of her teens, she was to be betrothed to the son of a neighbouring wool-stapler. She cried out that marriage was hateful to her, and for that she was severely beaten by her father. Then he ceased to scold her. He begged her instead not to hurt him, not to shame him in this matter of her marriage. He would give her a chain of beads or a fine petticoat, he said; and there were tears in his eyes. How could she disobey him? How could she break his heart? The force of her own gift alone drove her to it. She made up a small parcel of her belongings, let herself down by a rope one summer's night and took the road to London. She was not seventeen. The birds that sang in the hedge were not more musical than she was. She had the quickest fancy, a gift like her brother's, for the tune of words. Like him, she had a taste for the theatre. She stood at the stage door; she wanted to act, she said. Men laughed in her face. The manager — a fat, looselipped man — guffawed. He bellowed something about poodles dancing and women acting — no woman, he said, could possibly be an actress. He hinted — you can imagine what. She could get no training in her craft. Could she even seek her dinner in a tavern or roam the streets at midnight? Yet her genius was for fiction and lusted to feed abundantly upon the lives of men and women and the study of their ways. At last — for she was very young, oddly like Shakespeare the poet in her face, with the same grey eyes and rounded brows — at last Nick Greene the actor-manager took pity on her; she found herself with child by that gentleman and so — who shall measure the heat and violence of the poet's heart when caught and tangled in a woman's body? — killed herself one winter's night and lies buried at some cross-roads where the omnibuses now stop outside the Elephant and Castle.

mundo como él. Pero no la enviaron a la escuela. No tuvo oportunidad de aprender gramática y lógica, y mucho menos de leer a Horacio y Virgilio. De vez en cuando cogía un libro, quizá uno de su hermano, y leía algunas páginas. Pero entonces entraban sus padres y le decían que arreglara las medias o que se ocupara del guiso y que no anduviera con libros y papeles. Habrían hablado con severidad, pero con amabilidad, porque eran personas sustanciales que conocían las condiciones de vida de una mujer y querían a su hija; de hecho, lo más probable es que fuera la niña de los ojos de su padre. Tal vez garabateó algunas páginas en un desván para las manzanas, a escondidas, pero tuvo cuidado de esconderlas o de prenderles fuego. Sin embargo, pronto, antes de salir de la adolescencia, iba a ser prometida al hijo de un vecino fabricante de lana. Gritó que el matrimonio le era odioso, y por ello fue golpeada severamente por su padre. Luego dejó de regañarla. Le rogó que no le hiciera daño, que no le avergonzara en este asunto de su matrimonio. Le regalaría una cadena de cuentas o una fina enagua, le dijo; y había lágrimas en sus ojos. ¿Cómo podía desobedecerle? ¿Cómo iba a romperle el corazón? Sólo la fuerza de su propio don la impulsó a ello. Hizo un pequeño paquete con sus pertenencias, se descolgó con una cuerda una noche de verano y tomó el camino a Londres. No tenía ni diecisiete años. Los pájaros que cantaban en el seto no eran más musicales que ella. Tenía una fantasía muy rápida, un don como el de su hermano, para la melodía de las palabras. Como a él, le gustaba el teatro. Se paraba en la puerta del escenario; quería actuar, decía. Los hombres se rieron en su cara. El director, un hombre gordo y de labios flojos, se rió. Gritó algo sobre caniches que bailaban y mujeres que actuaban; ninguna mujer, dijo, podía ser actriz. Insinuó… ya se imaginan qué. Ella no podía recibir entrenamiento en su oficio. ¿Podría siquiera buscar su cena en una taberna o vagar por las calles a medianoche? Sin embargo, su genio era para la ficción y ansiaba alimentarse abundantemente de las vidas de hombres y mujeres y del estudio de sus costumbres. Por fin —pues era muy joven, extrañamente parecida al poeta Shakespeare en su rostro, con los mismos ojos grises y las mismas cejas redondeadas—, por fin Nick Greene, el director de actores, se apiadó de ella; se encontró con un hijo de ese caballero y así —¿quién podrá medir el calor y la violencia del corazón del poeta cuando se ve atrapado y enredado en el cuerpo de una mujer?— se suicidó una noche de invierno y yace enterrada en un cruce de caminos donde ahora paran los ómnibus a la salida de Elephant and Castle.

That, more or less, is how the story would run, I think, if a woman in Shakespeare's day had had Shakespeare's genius. But for my part, I agree with the deceased bishop, if such he was — it is unthinkable that any woman in Shakespeare's day should have had Shakespeare's genius. For genius like Shakespeare's is not born among labouring, uneducated, servile people. It was not born in England among the Saxons and the Britons. It is not born to-day among the working classes. How, then, could it have been born among women whose work began, according to Professor Trevelyan, almost before they were out of the nursery, who were forced to it by their parents and held to it by all the power of law and custom? Yet genius of a sort must have existed among women as it must have existed among the working classes. Now and again an Emily Brontë or a Robert Burns blazes out and proves its presence. But certainly it never got itself on to paper. When, however, one reads of a witch being ducked, of a woman possessed by devils, of a wise woman selling herbs, or even of a very remarkable man who had a mother, then I think we are on the track of a lost novelist, a suppressed poet, of some mute and inglorious Jane Austen, some Emily Brontë who dashed her brains out on the moor or mopped and mowed about the highways crazed with the torture that her gift had put her to. Indeed, I would venture to guess that Anon, who wrote so many poems without singing them, was often a woman. It was a woman Edward Fitzgerald, I think, suggested who made the ballads and the folk-songs, crooning them to her children, beguiling her spinning with them, or the length of the winter's night.

This may be true or it may be false — who can say? — but what is true in it, so it seemed to me, reviewing the story of Shakespeare's sister as I had made it, is that any woman born with a great gift in the sixteenth century would certainly have gone crazed, shot herself, or ended her days in some lonely cottage outside the village, half witch, half wizard, feared and mocked at. For it needs little skill in psychology to be sure that a highly gifted girl who had tried to use her gift for poetry would have been so thwarted and hindered by other people, so tortured and pulled asunder by her own contrary instincts, that she must have lost her health and sanity to a certainty. No girl could have walked to London and stood at a stage door and forced her way into

Así, más o menos, es como se desarrollaría la historia, creo, si una mujer en la época de Shakespeare hubiera tenido el genio de Shakespeare. Pero, por mi parte, estoy de acuerdo con el obispo fallecido, si es que lo era: es impensable que una mujer de la época de Shakespeare haya tenido el genio de Shakespeare. Porque un genio como el de Shakespeare no nace entre gente trabajadora, inculta y servil. No nació en Inglaterra entre los sajones y los británicos. No nace hoy en día entre las clases trabajadoras. ¿Cómo, entonces, podría haber nacido entre las mujeres cuyo trabajo comenzó, según el Profesor Trevelyan, casi antes de salir de la escuela, que fueron obligadas por sus padres y se mantuvieron en él por todo el poder de la ley y la costumbre? Sin embargo, debe haber existido una especie de genio entre las mujeres como debe haber existido entre las clases trabajadoras. De vez en cuando, una Emily Brontë o un Robert Burns resplandecen y muestran su presencia. Pero, ciertamente, nunca se plasmó en el papel. Sin embargo, cuando una lee sobre una bruja que se ahoga, sobre una mujer poseída por los demonios, sobre una mujer sabia que vende hierbas, o incluso sobre un hombre muy notable que tenía una madre, entonces creo que estamos sobre la pista de una novelista perdida, de una poeta suprimida, de una Jane Austen muda e ingloriosa, de una Emily Brontë que se desgarró los sesos en el páramo o que fregó y segó las carreteras enloquecida por la tortura a la que la había sometido su don. De hecho, me atrevería a adivinar que Anónimo, que escribió tantos poemas sin cantarlos, era a menudo una mujer. Fue una mujer la que —Edward Fitzgerald, creo, sugirió— creó las baladas y las canciones populares, cantándolas a sus hijos, encantándolos mientras hilaba, o durante las largas noches de invierno.

Esto puede ser cierto o puede ser falso —¿quién puede decirlo?— pero lo que hay de cierto en ello, según me pareció, al repasar la historia de la hermana de Shakespeare tal y como yo lo había hecho, es que cualquier mujer nacida con un gran don en el siglo XVI se habría vuelto ciertamente loca, se habría pegado un tiro o habría acabado sus días en alguna cabaña solitaria fuera del pueblo, medio bruja, medio maga, temida y burlada. Porque no hace falta ser muy experta en psicología para estar segura de que una chica muy dotada que hubiera intentado utilizar su don para la poesía se habría visto tan frustrada y obstaculizada por otras personas, tan torturada y desgarrada por sus propios instintos contrarios, que habría perdido con

the presence of actor-managers without doing herself a violence and suffering an anguish which may have been irrational — for chastity may be a fetish invented by certain societies for unknown reasons — but were none the less inevitable. Chastity had then, it has even now, a religious importance in a woman's life, and has so wrapped itself round with nerves and instincts that to cut it free and bring it to the light of day demands courage of the rarest. To have lived a free life in London in the sixteenth century would have meant for a woman who was poet and playwright a nervous stress and dilemma which might well have killed her. Had she survived, whatever she had written would have been twisted and deformed, issuing from a strained and morbid imagination. And undoubtedly, I thought, looking at the shelf where there are no plays by women, her work would have gone unsigned. That refuge she would have sought certainly. It was the relic of the sense of chastity that dictated anonymity to women even so late as the nineteenth century. Currer Bell, George Eliot, George Sand, all the victims of inner strife as their writings prove, sought ineffectively to veil themselves by using the name of a man. Thus they did homage to the convention, which if not implanted by the other sex was liberally encouraged by them (the chief glory of a woman is not to be talked of, said Pericles, himself a much-talked-of man) that publicity in women is detestable. Anonymity runs in their blood. The desire to be veiled still possesses them. They are not even now as concerned about the health of their fame as men are, and, speaking generally, will pass a tombstone or a signpost without feeling an irresistible desire to cut their names on it, as Alf, Bert or Chas must do in obedience to their instinct, which murmurs if it sees a fine woman go by, or even a dog, *Ce chien est à moi*. And, of course, it may not be a dog, I thought, remembering Parliament Square, the Sieges Allee and other avenues; it may be a piece of land or a man with curly black hair. It is one of the great advantages of being a woman that one can pass even a very fine negress without wishing to make an Englishwoman of her.

That woman, then, who was born with a gift of poetry in the sixteenth century, was an unhappy woman, a woman at strife against herself. All the conditions of her life, all her own instincts, were hos-

toda seguridad su salud y su cordura. Ninguna muchacha podría haber ido a Londres y haberse parado en la puerta de un escenario y haber forzado su entrada en presencia de los directores de actores sin hacerse daño a sí misma y sufrir una angustia que puede haber sido irracional —pues la castidad puede ser un fetiche inventado por ciertas sociedades por razones desconocidas—, pero que, sin embargo, era inevitable. La castidad tenía entonces, e incluso tiene ahora, una importancia religiosa en la vida de una mujer, y se ha enredado tanto con los nervios y los instintos que cortarla y sacarla a la luz del día exige un valor excepcional. Vivir una vida libre en Londres en el siglo XVI habría significado para una mujer que era poeta y dramaturga un estrés nervioso y un dilema que bien podría haberla matado. Si hubiera sobrevivido, todo lo que hubiera escrito habría sido retorcido y deformado, surgido de una imaginación tensa y morbosa. Y sin duda, pensé, mirando a la biblioteca donde no hay obras de teatro de mujeres, su obra habría quedado sin firmar. Ese refugio habría buscado ciertamente. Era la reliquia del sentido de la castidad que dictaba el anonimato a las mujeres incluso hasta el siglo XIX. Currer Bell, George Eliot, George Sand, todas ellas víctimas de luchas internas, como demuestran sus escritos, trataron ineficazmente de velarse usando el nombre de un hombre. De este modo, rindieron homenaje a la convención, que si no fue implantada por el otro sexo, fue liberalmente alentada por ellos (la principal gloria de una mujer es no ser hablada, dijo Pericles, él mismo un hombre muy hablado) de que la publicidad en las mujeres es detestable. El anonimato corre en su sangre. El deseo de ser veladas todavía las posee. Ni siquiera se preocupan ahora por la salud de su fama como los hombres, y, en términos generales, pasarán por delante de una lápida o de un poste indicador sin sentir un deseo irresistible de grabar sus nombres en ellos, como deben hacer Alf, Bert o Chas en obediencia a su instinto, que murmura si ve pasar a una buena mujer, o incluso a un perro, *Ce chien est à moi*. Y, por supuesto, puede que no sea un perro, pensé, recordando la Plaza del Parlamento, el Sieges Allee y otras avenidas; puede ser un terreno o un hombre de pelo negro rizado. Una de las grandes ventajas de ser mujer es que se puede pasar por delante incluso de una mujer negra muy hermosa sin querer convertirla en una inglesa.

Aquella mujer, pues, que nació con el don de la poesía en el siglo XVI, era una mujer infeliz, una mujer en lucha contra sí misma. Todas las condiciones de su vida, todos sus propios instintos, eran hos-

tile to the state of mind which is needed to set free whatever is in the brain. But what is the state of mind that is most propitious to the act of creation? I asked. Can one come by any notion of the state that furthers and makes possible that strange activity? Here I opened the volume containing the Tragedies of Shakespeare. What was Shakespeare's state of mind, for instance, when he wrote *Lear* and *Antony and Cleopatra*? It was certainly the state of mind most favourable to poetry that there has ever existed. But Shakespeare himself said nothing about it. We only know casually and by chance that he 'never blotted a line'. Nothing indeed was ever said by the artist himself about his state of mind until the eighteenth century perhaps. Rousseau perhaps began it. At any rate, by the nineteenth century self-consciousness had developed so far that it was the habit for men of letters to describe their minds in confessions and autobiographies. Their lives also were written, and their letters were printed after their deaths. Thus, though we do not know what Shakespeare went through when he wrote *Lear*, we do know what Carlyle went through when he wrote the *French Revolution*; what Flaubert went through when he wrote *Madame Bovary*; what Keats was going through when he tried to write poetry against the coming death and the indifference of the world.

And one gathers from this enormous modern literature of confession and self-analysis that to write a work of genius is almost always a feat of prodigious difficulty. Everything is against the likelihood that it will come from the writer's mind whole and entire. Generally material circumstances are against it. Dogs will bark; people will interrupt; money must be made; health will break down. Further, accentuating all these difficulties and making them harder to bear is the world's notorious indifference. It does not ask people to write poems and novels and histories; it does not need them. It does not care whether Flaubert finds the right word or whether Carlyle scrupulously verifies this or that fact. Naturally, it will not pay for what it does not want. And so the writer, Keats, Flaubert, Carlyle, suffers, especially in the creative years of youth, every form of distraction and discouragement. A curse, a cry of agony, rises from those books of analysis and confession. 'Mighty poets in their misery dead' — that is the burden of their song. If anything comes through in spite of all this, it is a miracle, and probably no book is born entire and uncrippled as it was conceived.

tiles al estado de ánimo que se necesita para liberar lo que hay en el cerebro. Pero, ¿cuál es el estado mental más propicio para el acto de creación? pregunté. ¿Se puede tener alguna noción del estado que fomenta y hace posible esa extraña actividad? Aquí abrí el volumen que contenía las Tragedias de Shakespeare. ¿Cuál era el estado mental de Shakespeare, por ejemplo, cuando escribió *Lear* y *Antonio y Cleopatra*? Ciertamente, era el estado de ánimo más favorable a la poesía que jamás haya existido. Pero el propio Shakespeare no dijo nada al respecto. Sólo sabemos, casualmente, que «nunca borró una línea». De hecho, el propio artista nunca dijo nada sobre su estado de ánimo hasta el siglo XVIII, tal vez. Rousseau quizás lo inició. En cualquier caso, en el siglo XIX la conciencia de sí mismo se había desarrollado tanto que los hombres de letras tenían la costumbre de describir su mente en confesiones y autobiografías. También se escribieron sus vidas, y sus cartas se imprimieron después de su muerte. Así, aunque no sabemos por lo que pasó Shakespeare cuando escribió *Lear*, sí sabemos por lo que pasó Carlyle cuando escribió la *Revolución Francesa*; por lo que pasó Flaubert cuando escribió *Madame Bovary*; por lo que pasó Keats cuando trató de escribir poesía contra la muerte próxima y la indiferencia del mundo.

Y una deduce de esta enorme literatura moderna de confesión y autoanálisis que escribir una obra de genio es casi siempre una hazaña de prodigiosa dificultad. Todo está en contra de la probabilidad de que salga de la mente del escritor de forma íntegra y completa. Por lo general, las circunstancias materiales están en contra. Los perros ladrarán; la gente interrumpirá; hay que ganar dinero; la salud se quebrará. Además, acentuando todas estas dificultades y haciéndolas más difíciles de soportar, está la notoria indiferencia del mundo. No pide a la gente que escriba poemas y novelas e historias; no las necesita. No le importa si Flaubert encuentra la palabra justa o si Carlyle verifica escrupulosamente tal o cual hecho. Naturalmente, no pagará por lo que no quiere. Y así, el escritor, Keats, Flaubert, Carlyle, sufre, sobre todo en los años de creación de la juventud, toda forma de distracción y desaliento. Una maldición, un grito de agonía, se eleva desde esos libros de análisis y confesión. «Poderosos poetas en su miseria, muertos», esa es la carga de su canto. Si algo sale a flote a pesar de todo esto, es un milagro, y probablemente ningún libro nazca entero y sin fisuras como fue concebido.

But for women, I thought, looking at the empty shelves, these difficulties were infinitely more formidable. In the first place, to have a room of her own, let alone a quiet room or a sound-proof room, was out of the question, unless her parents were exceptionally rich or very noble, even up to the beginning of the nineteenth century. Since her pin money, which depended on the goodwill of her father, was only enough to keep her clothed, she was debarred from such alleviations as came even to Keats or Tennyson or Carlyle, all poor men, from a walking tour, a little journey to France, from the separate lodging which, even if it were miserable enough, sheltered them from the claims and tyrannies of their families. Such material difficulties were formidable; but much worse were the immaterial. The indifference of the world which Keats and Flaubert and other men of genius have found so hard to bear was in her case not indifference but hostility. The world did not say to her as it said to them, Write if you choose; it makes no difference to me. The world said with a guffaw, Write? What's the good of your writing? Here the psychologists of Newnham and Girton might come to our help, I thought, looking again at the blank spaces on the shelves. For surely it is time that the effect of discouragement upon the mind of the artist should be measured, as I have seen a dairy company measure the effect of ordinary milk and Grade A milk upon the body of the rat. They set two rats in cages side by side, and of the two one was furtive, timid and small, and the other was glossy, bold and big. Now what food do we feed women as artists upon? I asked, remembering, I suppose, that dinner of prunes and custard. To answer that question I had only to open the evening paper and to read that Lord Birkenhead is of opinion — but really I am not going to trouble to copy out Lord Birkenhead's opinion upon the writing of women. What Dean Inge says I will leave in peace. The Harley Street specialist may be allowed to rouse the echoes of Harley Street with his vociferations without raising a hair on my head. I will quote, however, Mr Oscar Browning, because Mr Oscar Browning was a great figure in Cambridge at one time, and used to examine the students at Girton and Newnham. Mr Oscar Browning was wont to declare 'that the impression left on his mind, after looking over any set of examination papers, was that, irrespective of the marks he might give, the best woman was intellectually the inferior of the worst man'. After saying that Mr Browning went back to his rooms — and it is this sequel that endears him and makes him a human figure of some bulk and majesty — he went back to his rooms and found a stable-boy ly-

Pero para las mujeres, pensé, mirando los estantes vacíos, estas dificultades eran infinitamente más formidables. En primer lugar, tener una habitación propia, por no hablar de una habitación tranquila o insonorizada, era algo imposible, a menos que sus padres fueran excepcionalmente ricos o muy nobles, incluso hasta principios del siglo XIX. Como su dinero de bolsillo, que dependía de la buena voluntad de su padre, sólo alcanzaba para mantenerla vestida, estaba excluida de los alivios que le llegaron incluso a Keats, Tennyson o Carlyle, todos ellos hombres pobres, de una excursión a pie, de un pequeño viaje a Francia, del alojamiento separado que, aunque fuera lo suficientemente miserable, les protegía de los reclamos y tiranías de sus familias. Tales dificultades materiales eran formidables; pero mucho peores eran las inmateriales. La indiferencia del mundo que Keats y Flaubert y otros hombres de genio han encontrado tan difícil de soportar, en su caso no era indiferencia sino hostilidad. El mundo no le dijo como a ellos: «Escribe si quieres; a mí me da igual». El mundo dijo con una carcajada: «¿Escribir? ¿De qué sirve que escribas?». Aquí los psicólogos de Newnham y Girton podrían venir en nuestra ayuda, pensé, mirando de nuevo los espacios en blanco de las bibliotecas. Porque seguramente ya es hora de que se mida el efecto del desaliento en la mente del artista, como he visto a una empresa lechera medir el efecto de la leche ordinaria y de la leche de primera clase en el cuerpo de la rata. Pusieron dos ratas en jaulas una al lado de la otra, y de las dos una era furtiva, tímida y pequeña, y la otra era brillante, audaz y grande. Ahora, ¿con qué alimento alimentamos a las mujeres como artistas? pregunté, recordando, supongo, aquella cena de ciruelas y natillas. Para responder a esa pregunta sólo tuve que abrir el periódico de la tarde y leer que Lord Birkenhead opina... pero en realidad no me voy a molestar en copiar la opinión de Lord Birkenhead sobre la escritura de las mujeres. Lo que dice el decano Inge lo dejaré allí. Al especialista de Harley Street se le puede permitir que despierte los ecos de Harley Street con sus vociferaciones sin levantarme un pelo. Citaré, sin embargo, al señor Oscar Browning, porque el señor Oscar Browning fue una gran figura en Cambridge en una época, y solía examinar a los estudiantes de Girton y Newnham. El señor Oscar Browning solía declarar «que la impresión que le quedaba en la mente, después de examinar cualquier conjunto de papeles de examen, era que, independientemente de las notas que pudiera dar, la mejor mujer era intelectualmente inferior al peor hombre». Después de decir esto, el señor Browning

ing on the sofa — 'a mere skeleton, his cheeks were cavernous and sallow, his teeth were black, and he did not appear to have the full use of his limbs... "That's Arthur" [said Mr Browning]. "He's a dear boy really and most high-minded."' The two pictures always seem to me to complete each other. And happily in this age of biography the two pictures often do complete each other, so that we are able to interpret the opinions of great men not only by what they say, but by what they do.

But though this is possible now, such opinions coming from the lips of important people must have been formidable enough even fifty years ago. Let us suppose that a father from the highest motives did not wish his daughter to leave home and become writer, painter or scholar. 'See what Mr Oscar Browning says,' he would say; and there so was not only Mr Oscar Browning; there was the *Saturday Review*; there was Mr Greg — the 'essentials of a woman's being', said Mr Greg emphatically, 'are that *they are supported by, and they minister to, men*' — there was an enormous body of masculine opinion to the effect that nothing could be expected of women intellectually. Even if her father did not read out loud these opinions, any girl could read them for herself; and the reading, even in the nineteenth century, must have lowered her vitality, and told profoundly upon her work. There would always have been that assertion — you cannot do this, you are incapable of doing that — to protest against, to overcome. Probably for a novelist this germ is no longer of much effect; for there have been women novelists of merit. But for painters it must still have some sting in it; and for musicians, I imagine, is even now active and poisonous in the extreme. The woman composer stands where the actress stood in the time of Shakespeare. Nick Greene, I thought, remembering the story I had made about Shakespeare's sister, said that a woman acting put him in mind of a dog dancing. Johnson repeated the phrase two hundred years later of women preaching. And here, I said, opening a book about music, we have the very words used again in this year of grace, 1928, of women who try to write music. 'Of Mlle. Germaine Tailleferre one can only repeat Dr Johnson's dictum concerning, a woman preacher, transposed into terms of music. "Sir, a woman's composing is like a dog's walking on his hind legs. It is not

volvió a sus habitaciones —y es esta secuela la que lo hace entrañable y lo convierte en una figura humana de cierto volumen y majestuosidad—, volvió a sus habitaciones y encontró a un mozo de cuadra tumbado en el sofá: «un mero esqueleto, sus mejillas eran cavernosas y cetrinas, sus dientes estaban negros y no parecía hacer uso completo de sus miembros...». «Ese es Arthur» [dijo el señor Browning]. «Es un chico encantador, realmente, y muy inteligente». Las dos imágenes siempre me parecen que se completan la una a la otra. Y, afortunadamente, en esta época de biografías, las dos imágenes se completan a menudo, de modo que podemos interpretar las opiniones de los grandes hombres no sólo por lo que dicen, sino por lo que hacen.

Pero aunque esto sea posible ahora, tales opiniones procedentes de los labios de personas importantes debían ser lo suficientemente formidables incluso hace cincuenta años. Supongamos que un padre, por los más elevados motivos, no deseara que su hija abandonara el hogar y se convirtiera en escritora, pintora o erudita. «Mira lo que dice el señor Oscar Browning», diría; y no sólo estaba el señor Oscar Browning; estaba el *Saturday Review*; estaba el señor Greg: «lo esencial del ser de una mujer», decía el señor Greg enfáticamente, «es que *son apoyadas por los hombres, y atienden a los hombres*» —había un enorme cuerpo de opinión masculina en el sentido de que no se podía esperar nada de las mujeres intelectualmente. Aunque su padre no leyera en voz alta estas opiniones, cualquier muchacha podía leerlas por sí misma; y la lectura, incluso en el siglo XIX, debió de mermar su vitalidad y afectar profundamente su trabajo. Siempre habría existido esa afirmación —no puedes hacer esto, eres incapaz de hacer aquello— contra la que protestar, a la que sobreponerse. Probablemente para una novelista este germen ya no tiene mucho efecto; porque ha habido mujeres novelistas de mérito. Pero para las pintoras todavía debe tener algún aguijón; y para las músicas, me imagino, es incluso ahora activo y venenoso en extremo. La mujer compositora se encuentra donde la actriz se encontraba en la época de Shakespeare. Nick Greene, pensé, recordando la historia que había hecho sobre la hermana de Shakespeare, dijo que una mujer actuando le hacía pensar a un perro bailando. Johnson repitió la frase doscientos años después acerca de las mujeres predicando. Y aquí, dije, abriendo un libro sobre música, tenemos las mismas palabras utilizadas de nuevo en este año de gracia, 1928, sobre las mujeres que intentan escribir música. «De Mlle. Germaine Tailleferre sólo se

done well, but you are surprised to find it done at all.'''[7] So accurately does history repeat itself.

Thus, I concluded, shutting Mr Oscar Browning's life and pushing away the rest, it is fairly evident that even in the nineteenth century a woman was not encouraged to be an artist. On the contrary, she was snubbed, slapped, lectured and exhorted. Her mind must have been strained and her vitality lowered by the need of opposing this, of disproving that. For here again we come within range of that very interesting and obscure masculine complex which has had so much influence upon the woman's movement; that deep-seated desire, not so much that *she* shall be inferior as that *he* shall be superior, which plants him wherever one looks, not only in front of the arts, but barring the way to politics too, even when the risk to himself seems infinitesimal and the suppliant humble and devoted. Even Lady Bessborough, I remembered, with all her passion for politics, must humbly bow herself and write to Lord Granville Leveson-Gower: '... notwithstanding all my violence in politicks and talking so much on that subject, I perfectly agree with you that no woman has any business to meddle with that or any other serious business, farther than giving her opinion (if she is ask'd).' And so she goes on to spend her enthusiasm where it meets with no obstacle whatsoever, upon that immensely important subject, Lord Granville's maiden speech in the House of Commons. The spectacle is certainly a strange one, I thought. The history of men's opposition to women's emancipation is more interesting perhaps than the story of that emancipation itself. An amusing book might be made of it if some young student at Girton or Newnham would collect examples and deduce a theory, — but she would need thick gloves on her hands, and bars to protect her of solid gold.

But what is amusing now, I recollected, shutting Lady Bessborough, had to be taken in desperate earnest once. Opinions that one now pastes in a book labelled cock-a-doodledum and keeps for reading to select audiences on summer nights once drew tears, I can as-

---

7 *A Survey of Contemporary Music*, Cecil Gray, p. 246.

puede repetir la sentencia del Dr. Johnson sobre una mujer predicadora, transpuesta en términos de música. "Sir, la composición de una mujer es como si un perro caminara sobre sus patas traseras. No se hace bien, pero uno se sorprende de que pueda hacerse"».[7] Con tanta precisión se repite la historia.

Así, concluí, cerrando la vida del señor Oscar Browning y apartando el resto, es bastante evidente que incluso en el siglo XIX no se alentó a una mujer a ser artista. Por el contrario, se la desairó, se la abofeteó, se la sermoneó y se la exhortó. Su mente debe haber sido forzada y su vitalidad disminuida por la necesidad de oponerse a esto, de refutar aquello. Porque aquí nos encontramos de nuevo con ese interesante y oscuro complejo masculino que tanto ha influido en el movimiento de la mujer; ese deseo profundamente arraigado, no tanto de que *ella* sea inferior como de que *él* sea superior, que lo sitúa dondequiera que uno mire, no sólo frente a las artes, sino también cerrando el paso a la política, incluso cuando el riesgo para él mismo parece infinitesimal y la suplicante humilde y devota. Incluso Lady Bessborough, recordé, con toda su pasión por la política, debe inclinarse humildemente y escribir a Lord Granville Leveson-Gower: «...a pesar de toda mi violencia en la política y de hablar tanto sobre ese tema, estoy perfectamente de acuerdo con usted en que ninguna mujer tiene que meterse en ese o en cualquier otro asunto serio, más allá de dar su opinión (si se le pide)». Y así pasa a gastar su entusiasmo donde no encuentra obstáculo alguno, en ese tema inmensamente importante, el discurso inaugural de Lord Granville en la Cámara de los Comunes. El espectáculo es ciertamente extraño, pensé. La historia de la oposición de los hombres a la emancipación de las mujeres es quizá más interesante que la historia de la propia emancipación. Se podría hacer un libro divertido si alguna joven estudiante de Girton o Newnham recopilara ejemplos y dedujera una teoría, pero necesitaría guantes gruesos en las manos y barras de oro macizo para protegerse.

Pero lo que ahora es divertido, recordé, cerrando a Lady Bessborough, tuvo que ser tomado con desesperada seriedad una vez. Las opiniones que ahora se pegan en un libro etiquetado como «quiquiriquí» y que se guardan para leerlas ante audiencias selectas en las noches de verano,

---

7 *A Survey of Contemporary Music*, Cecil Gray, p. 246.

sure you. Among your grandmothers and great-grandmothers there were many that wept their eyes out. Florence Nightingale shrieked aloud in her agony.[8] Moreover, it is all very well for you, who have got yourselves to college and enjoy sitting-rooms — or is it only bed-sitting-rooms? — of your own to say that genius should disregard such opinions; that genius should be above caring what is said of it. Unfortunately, it is precisely the men or women of genius who mind most what is said of them. Remember Keats. Remember the words he had cut on his tombstone. Think of Tennyson; think but I need hardly multiply instances of the undeniable, if very fortunate, fact that it is the nature of the artist to mind excessively what is said about him. Literature is strewn with the wreckage of men who have minded beyond reason the opinions of others.

And this susceptibility of theirs is doubly unfortunate, I thought, returning again to my original enquiry into what state of mind is most propitious for creative work, because the mind of an artist, in order to achieve the prodigious effort of freeing whole and entire the work that is in him, must be incandescent, like Shakespeare's mind, I conjectured, looking at the book which lay open at *Antony and Cleopatra*. There must be no obstacle in it, no foreign matter unconsumed.

For though we say that we know nothing about Shakespeare's state of mind, even as we say that, we are saying something about Shakespeare's state of mind. The reason perhaps why we know so little of Shakespeare — compared with Donne or Ben Jonson or Milton — is that his grudges and spites and antipathies are hidden from us. We are not held up by some 'revelation' which reminds us of the writer. All desire to protest, to preach, to proclaim an injury, to pay off a score, to make the world the witness of some hardship or grievance was fired out of him and consumed. Therefore his poetry flows from him free and unimpeded. If ever a human being got his work expressed completely, it was Shakespeare. If ever a mind was incandescent, unimpeded, I thought, turning again to the bookcase, it was Shakespeare's mind.

---

8 See *Cassandra*, by Florence Nightingale, printed in *The Cause*, by R. Strachey.

una vez hicieron llorar, se los aseguro. Entre sus abuelas y bisabuelas hubo muchas que lloraron a mares. Florence Nightingale gritó en voz alta en su agonía[8]. Por otra parte, está muy bien que ustedes, que han llegado a la universidad y disfrutan de salones —¿o son sólo habitaciones con camas?— propios, digan que el genio debe hacer caso omiso de tales opiniones; que el genio debe estar por encima de lo que se diga de él. Por desgracia, son precisamente los hombres o mujeres de genio los que más se preocupan por lo que se dice de ellos. Recuerden a Keats. Recuerden las palabras que hizo grabar en su lápida. Piensen en Tennyson; piensen..., pero no hace falta que multiplique los ejemplos del hecho innegable, aunque muy afortunado, de que la naturaleza del artista es preocuparse excesivamente por lo que se dice de él. La literatura está sembrada de restos de hombres a los que les han importado más allá de lo razonable las opiniones de los demás.

Y esta susceptibilidad del artista es doblemente desafortunada, pensé, volviendo de nuevo a mi indagación original sobre qué estado de ánimo es el más propicio para el trabajo creativo, porque la mente de un artista, para lograr el prodigioso esfuerzo de liberar entera y cabalmente la obra que hay en él, debe ser incandescente, como la mente de Shakespeare, conjeturé, mirando el libro que yacía abierto en *Antonio y Cleopatra*. No debe haber ningún obstáculo en él, ninguna materia extraña sin consumir.

Porque aunque digamos que no sabemos nada sobre el estado mental de Shakespeare, incluso mientras decimos eso, estamos diciendo algo sobre el estado mental de Shakespeare. La razón por la que tal vez sabemos tan poco de Shakespeare —en comparación con Donne o Ben Jonson o Milton— es que sus rencores, rencillas y antipatías nos son ocultos. No nos sostiene ninguna «revelación» que nos recuerde al escritor. Todo el deseo de protestar, de predicar, de proclamar un agravio, de saldar una cuenta, de hacer que el mundo sea testigo de alguna penuria o agravio fue expulsado y consumido. Por eso su poesía fluye de él libre y sin obstáculos. Si alguna vez un ser humano consiguió que su obra se expresara por completo, ese fue Shakespeare. Si alguna vez una mente fue incandescente, sin obstáculos, pensé, volviéndome de nuevo hacia la biblioteca, fue la mente de Shakespeare.

---

8 Ver *Cassandra*, de Florence Nightingale, impreso en *The Cause*, de R. Strachey.

That one would find any woman in that state of mind in the six-teenth century was obviously impossible. One has only to think of the Elizabethan tombstones with all those children kneeling with clasped hands; and their early deaths; and to see their houses with their dark, cramped rooms, to realize that no woman could have writ-ten poetry then. What one would expect to find would be that rather later perhaps some great lady would take advantage of her compar-ative freedom and comfort to publish something with her name to it and risk being thought a monster. Men, of course, are not snobs, I continued, carefully eschewing 'the arrant feminism' of Miss Re-becca West; but they appreciate with sympathy for the most part the efforts of a countess to write verse. One would expect to find a lady of title meeting with far greater encouragement than an unknown Miss Austen or a Miss Brontë at that time would have met with. But one would also expect to find that her mind was disturbed by alien emo-tions like fear and hatred and that her poems showed traces of that disturbance. Here is Lady Winchilsea, for example, I thought, taking down her poems. She was born in the year 1661; she was noble both by birth and by marriage; she was childless; she wrote poetry, and one has only to open her poetry to find her bursting out in indigna-tion against the position of women:

How we are fallen! fallen by mistaken rules,
And Education's more than Nature's fools;
Debarred from all improvements of the mind,
And to be dull, expected and designed;
And if someone would soar above the rest,
With warmer fancy, and ambition pressed,
So strong the opposing faction still appears,
The hopes to thrive can ne'er outweigh the fears.

Clearly her mind has by no means 'consumed all impediments and become incandescent'. On the contrary, it is harassed and distracted with hates and grievances. The human race is split up for her into two parties. Men are the 'opposing faction'; men are hated and feared, because they have the power to bar her way to what she wants to do — which is to write.

CUATRO

Que una pudiera encontrar a una mujer en ese estado mental en el siglo XVI era obviamente imposible. Sólo hay que pensar en las lápidas isabelinas con todos esos niños arrodillados con las manos juntas; y en sus muertes tempranas; y ver sus casas con sus habitaciones oscuras y estrechas, para darse cuenta de que ninguna mujer podría haber escrito poesía entonces. Lo que una esperaría encontrar sería que, más tarde, tal vez alguna gran dama que aprovechando su comparativa libertad y comodidad publicara algo con su nombre y se arriesgara a ser considerada un monstruo. Los hombres, por supuesto, no son snobs, continué diciendo, evitando cuidadosamente «el feminismo descarado» de la señorita Rebecca West; pero aprecian con simpatía en su mayor parte los esfuerzos de una condesa por escribir versos. Es de esperar que una dama con título reciba mucho más apoyo del que habría recibido una desconocida señorita Austen o una señorita Brontë en aquella época. Pero también cabría esperar que su mente estuviera perturbada por emociones ajenas, como el miedo y el odio, y que sus poemas mostraran rastros de esa perturbación. Aquí está Lady Winchilsea, por ejemplo, pensé, recogiendo sus poemas. Nació en el año 1661; era noble tanto por nacimiento como por matrimonio; no tenía hijos; escribía poesía, y basta con abrir su poética para encontrarla estallando en indignación contra la posición de las mujeres:

¡Cómo hemos caído! Caído por reglas equivocadas,
necias por educación más que por naturaleza;
privadas de todas las mejoras de la mente,
y ser aburridas, previstas y con un destino fijo;
y si alguna quiere elevarse por encima del resto,
con la fantasía más cálida, y la ambición apremiada,
tan fuerte es la facción opositora que aún parece,
las esperanzas de prosperar nunca podrán superar los temores.

Es evidente que su mente no ha «consumido todos los impedimentos y se ha vuelto incandescente». Por el contrario, está acosada y distraída con odios y agravios. La raza humana está dividida para ella en dos partes. Los hombres son la «facción opositora»; los hombres son odiados y temidos, porque tienen el poder de impedirle el camino hacia lo que quiere hacer... que es escribir.

Alas! a woman that attempts the pen,
Such a presumptuous creature is esteemed,
The fault can by no virtue be redeemed.
They tell us we mistake our sex and way;
Good breeding, fashion, dancing, dressing, play,
Are the accomplishments we should desire;
To write, or read, or think, or to enquire,
Would cloud our beauty, and exhaust our time,
And interrupt the conquests of our prime.
Whilst the dull manage of a servile house
Is held by some our utmost art and use.

Indeed she has to encourage herself to write by supposing that what she writes will never be published; to soothe herself with the sad chant:

To some few friends, and to thy sorrows sing,
For groves of laurel thou wert never meant;
Be dark enough thy shades, and be thou there content.

Yet it is clear that could she have freed her mind from hate and fear and not heaped it with bitterness and resentment, the fire was hot within her. Now and again words issue of pure poetry:

Nor will in fading silks compose,
Faintly the inimitable rose.

— they are rightly praised by Mr Murry, and Pope, it is thought, remembered and appropriated those others:

Now the jonquille o'ercomes the feeble brain;
We faint beneath the aromatic pain.

It was a thousand pities that the woman who could write like that, whose mind was tuned to nature and reflection, should have been forced to anger and bitterness. But how could she have helped herself? I asked, imagining the sneers and the laughter, the adulation of the toadies, the scepticism of the professional poet. She must have shut herself up in a room in the country to write, and been torn asun-

¡Ay! una mujer que intenta la pluma,
se estima una criatura tan presuntuosa,
la falta no puede ser redimida por ninguna virtud.
Nos dicen que nos equivocamos de sexo y de camino;
la buena crianza, la moda, el baile, el vestido, el juego,
son los logros que debemos desear;
escribir, o leer, o pensar, o investigar,
nublaría nuestra belleza, y agotaría nuestro tiempo,
e interrumpiría las conquistas de nuestro apogeo.
Mientras que el aburrido manejo de una casa servil
es considerado por algunos nuestro mayor arte y uso.

De hecho, tiene que animarse a escribir suponiendo que lo que escribe nunca se publicará; para calmarse con el canto triste:

A algunos pocos amigos, y a tus penas canta,
para los bosques de laurel nunca fuiste destinada;
que sean lo suficientemente oscuras tus sombras, y conténtate allí.

Sin embargo, está claro que si hubiera podido liberar su mente del odio y del miedo y no la hubiera atiborrado de amargura y resentimiento, el fuego ardería en su interior. De vez en cuando surgen palabras de pura poesía:

Ni compondré con sedas descoloridas
la débil rosa inimitable.

que el señor Murry elogia con razón, y Pope, según se cree, recordó y se apropió de estos otros versos:

Ahora el junquillo supera al débil cerebro;
nos desmayamos bajo el dolor aromático.

Era una lástima que la mujer que podía escribir así, cuya mente armonizaba con la naturaleza y la reflexión, se viera obligada a la ira y la amargura. Pero, ¿cómo pudo evitarlo?, me pregunté, imaginando las burlas y las risas, la adulación de los súbditos, el escepticismo del poeta profesional. Debió de encerrarse en una habitación en el campo para escribir, y se vio desgarrada por la amargura y los escrúpu-

der by bitterness and scruples perhaps, though her husband was of the kindest, and their married life perfection. She 'must have', I say, because when one comes to seek out the facts about Lady Winchilsea, one finds, as usual, that almost nothing is known about her. She suffered terribly from melancholy, which we can explain at least to some extent when we find her telling us how in the grip of it she would imagine:

My lines decried, and my employment thought
An useless folly or presumptuous fault:

The employment, which was thus censured, was, as far as one can see, the harmless one of rambling about the fields and dreaming:

My hand delights to trace unusual things,
And deviates from the known and common way,
Nor will in fading silks compose,
Faintly the inimitable rose.

Naturally, if that was her habit and that was her delight, she could only expect to be laughed at; and, accordingly, Pope or Gay is said to have satirized her 'as a blue-stocking with an itch for scribbling'. Also it is thought that she offended Gay by laughing at him. She said that his *Trivia* showed that 'he was more proper to walk before a chair than to ride in one'. But this is all 'dubious gossip' and, says Mr Murry, 'uninteresting'. But there I do not agree with him, for I should have liked to have had more even of dubious gossip so that I might have found out or made up some image of this melancholy lady, who loved wandering in the fields and thinking about unusual things and scorned, so rashly, so unwisely, 'the dull manage of a servile house'. But she became diffuse, Mr Murry says. Her gift is all grown about with weeds and bound with briars. It had no chance of showing itself for the fine distinguished gift it was. And so, putting, her back on the shelf, I turned to the other great lady, the Duchess whom Lamb loved, hare-brained, fantastical Margaret of Newcastle, her elder, but her contemporary. They were very different, but alike in this that both were noble and both childless, and both were married to the best of husbands. In both burnt the same passion for poetry and both are disfigured and deformed by the same causes. Open the Duchess and one finds the same outburst of rage. 'Women live like Bats or Owls,

los, aunque su marido era de lo más amable, y su vida matrimonial, perfecta. Digo que «debió de ser así», porque cuando una se pone a buscar datos sobre Lady Winchilsea, descubre, como es habitual, que no se sabe casi nada de ella. Sufría terriblemente de melancolía, lo que podemos explicar, al menos en cierta medida, cuando la encontramos diciéndonos cómo se imaginaba en las garras de la misma:

Mis líneas son criticadas, y mi empleo es considerado
una locura inútil o una falta presuntuosa:

El empleo así censurado era, por lo que se ve, el inofensivo de vagar por los campos y soñar:

mi mano se deleita en trazar cosas inusuales,
y se desvía del camino conocido y común,
y no compondré con sedas descoloridas
la débil rosa inimitable.

Naturalmente, si ese era su hábito y ese era su deleite, sólo podía esperar que se rieran de ella; y, en consecuencia, se dice que Pope o Gay la satirizaron «como una marisabidilla con manía por los garabatos». También se cree que ofendió a Gay riéndose de él. Decía que su *trivia* demostraba que él era «más apto a andar delante de una silla de manos que a viajar en una». Pero todo esto son «chismes dudosos» y, según el señor Murry, «sin interés». Pero en esto no estoy de acuerdo con él, pues me hubiera gustado tener más incluso de esos chismes dudosos para poder descubrir o inventar alguna imagen de esta melancólica dama, que amaba vagar por los campos y pensar en cosas insólitas y despreciaba, tan precipitadamente, tan imprudentemente, «el aburrido manejo de una casa servil». Pero se volvió difusa, dice el señor Murry. Su don está lleno de malas hierbas y poblado de zarzas. No tuvo la oportunidad de mostrarse como el fino y distinguido don que era. Así que, poniéndola de nuevo en el estante, me dirigí a la otra gran dama, la Duquesa a la que Lamb amaba, la fantasiosa Margaret of Newcastle, mayor que ella, pero contemporánea suya. Eran muy diferentes, pero se parecían en que ambas eran nobles y no tenían hijos, y ambas estaban casadas con el mejor de los maridos. En ambas ardía la misma pasión por la poesía y ambas están desfiguradas y deformadas por las mismas causas. Una abre la

labour like Beasts, and die like Worms...' Margaret too might have been a poet; in our day all that activity would have turned a wheel of some sort. As it was, what could bind, tame or civilize for human use that wild, generous, untutored intelligence? It poured itself out, higgledy-piggledy, in torrents of rhyme and prose, poetry and philosophy which stand congealed in quartos and folios that nobody ever reads. She should have had a microscope put in her hand. She should have been taught to look at the stars and reason scientifically. Her wits were turned with solitude and freedom. No one checked her. No one taught her. The professors fawned on her. At Court they jeered at her. Sir Egerton Brydges complained of her coarseness — 'as flowing from a female of high rank brought up in the Courts'. She shut herself up at Welbeck alone.

What a vision of loneliness and riot the thought of Margaret Cavendish brings to mind! as if some giant cucumber had spread itself over all the roses and carnations in the garden and choked them to death. What a waste that the woman who wrote 'the best bred women are those whose minds are civilest' should have frittered her time away scribbling nonsense and plunging ever deeper into obscurity and folly till the people crowded round her coach when she issued out. Evidently the crazy Duchess became a bogey to frighten clever girls with. Here, I remembered, putting away the Duchess and opening Dorothy Osborne's letters, is Dorothy writing to Temple about the Duchess's new book. 'Sure the poore woman is a little distracted, shee could never bee soe rediculous else as to venture at writeing book's and in verse too, if I should not sleep this fortnight I should not come to that.'

And so, since no woman of sense and modesty could write books, Dorothy, who was sensitive and melancholy, the very opposite of the Duchess in temper, wrote nothing. Letters did not count. A woman might write letters while she was sitting by her father's sick-bed. She could write them by the fire whilst the men talked without disturbing them. The strange thing is, I thought, turning over the pages of Dorothy's letters, what a gift that untaught and solitary girl had for the framing of a sentence, for the fashioning of a scene. Listen to her running on:

Duquesa y encuentra el mismo arrebato de rabia. «Las mujeres viven como murciélagos o búhos, trabajan como bestias y mueren como gusanos...». También Margaret podría haber sido poeta; en nuestros días toda esa actividad habría hecho girar una rueda de algún tipo. Tal y como estaba, ¿qué podía atar, domesticar o civilizar para el uso humano esa inteligencia salvaje, generosa y sin estudios? Se derramó, a borbotones, en torrentes de rima y prosa, poesía y filosofía que se congelan en cuartillas y folios que nadie lee. Deberían haberle puesto un microscopio en la mano. Deberían haberle enseñado a mirar las estrellas y a razonar científicamente. Su ingenio se transformó con la soledad y la libertad. Nadie la controló. Nadie le enseñó. Los profesores la adulaban. En la Corte se burlaban de ella. Sir Egerton Brydges se quejaba de su tosquedad, «como la de una hembra de alto rango criada en la Corte». Se encerró, en soledad, en Welbeck.

¡Qué visión de la soledad y el desenfreno me trae a la mente la idea de Margaret Cavendish! Como si un pepino gigante se hubiera extendido sobre todas las rosas y claveles del jardín y los hubiera ahogado hasta la muerte. Qué desperdicio que la mujer que escribió «las mujeres mejor educadas son aquellas cuyas mentes son más civilizadas» haya desperdiciado su tiempo escribiendo tonterías y sumergiéndose cada vez más en la oscuridad y la locura hasta el punto que la gente se agolpaba alrededor de su carruaje cuando salía. Evidentemente, la duquesa loca se convirtió en un objeto para asustar a las chicas inteligentes. Aquí, recordé, dejando de lado a la Duquesa y abriendo las cartas de Dorothy Osborne, está Dorothy escribiendo a Temple sobre el nuevo libro de la Duquesa: «Seguro que la pobre mujer está un poco trastornada, nunca podría ser tan ridícula como para aventurarse a escribir libros y además en verso, ni aún sin dormir por quince días yo llegaría a eso».

Y así, como ninguna mujer sensata y modesta podía escribir libros, Dorothy, que era sensible y melancólica, todo lo contrario a la Duquesa en cuanto a temperamento, no escribió nada. Las cartas no contaban. Una mujer podía escribir cartas mientras estaba sentada junto a la cama de su padre enfermo. Podía escribirlas junto al fuego mientras los hombres hablaban, sin molestarlos. Lo extraño es que, al pasar las páginas de las cartas de Dorothy, pensé en el don que tenía esa muchacha solitaria y sin formación para componer una frase, para crear una escena. Escúchenla hablar:

'After dinner wee sitt and talk till Mr B. com's in question and then I am gon. the heat of the day is spent in reading or working and about sixe or seven a Clock, I walke out into a Common that lyes hard by the house where a great many young wenches keep Sheep and Cow's and sitt in the shades singing of Ballads; I goe to them and compare their voyces and Beauty's to some Ancient Shepherdesses that I have read of and finde a vaste difference there, but trust mee I think these are as innocent as those could bee. I talke to them, and finde they want nothing to make them the happiest People in the world, but the knoledge that they are soe. most commonly when we are in the middest of our discourse one looks aboute her and spyes her Cow's goeing into the Corne and then away they all run, as if they had wing's at theire heels. I that am not soe nimble stay behinde, and when I see them driveing home theire Cattle I think tis time for mee to retyre too. when I have supped I goe into the Garden and soe to the syde of a small River that runs by it where I sitt downe and wish you with mee...'

One could have sworn that she had the makings of a writer in her. But 'if I should not sleep this fortnight I should not come to that' — one can measure the opposition that was in the air to a woman writing when one finds that even a woman with a great turn for writing has brought herself to believe that to write a book was to be ridiculous, even to show oneself distracted. And so we come, I continued, replacing the single short volume of Dorothy Osborne's letters upon the shelf, to Mrs Behn.

And with Mrs Behn we turn a very important corner on the road. We leave behind, shut up in their parks among their folios, those solitary great ladies who wrote without audience or criticism, for their own delight alone. We come to town and rub shoulders with ordinary people in the streets. Mrs Behn was a middle-class woman with all the plebeian virtues of humour, vitality and courage; a woman forced by the death of her husband and some unfortunate adventures of her own to make her living by her wits. She had to work on equal terms with men. She made, by working very hard, enough to live on. The importance of that fact outweighs anything that she actually wrote, even the splendid 'A Thousand Martyrs I have made', or 'Love in Fantastic Triumph sat', for here begins the freedom of the mind, or rather the possibility that in the course of time the mind will be free to

«Después de la cena nos sentamos y hablamos hasta que el señor B. entra en cuestión y entonces me voy. El calor del día lo pasamos leyendo o trabajando, y a eso de las seis o siete de la tarde, salgo a un lugar común que está cerca de la casa, donde muchas jóvenes guardan ovejas y vacas, y se sientan en la sombra a cantar baladas; me acerco a ellas y comparo sus costumbres y su belleza con las de algunas antiguas pastoras de las que he leído, y encuentro una gran diferencia, pero créanme que creo que éstas son tan inocentes como aquellas. Hablo con ellas y veo que no necesitan nada para ser las personas más felices del mundo salvo el conocimiento de que lo son. La mayoría de las veces, cuando estamos en medio de nuestro plática, una mira a su alrededor y ve a sus vacas entrando en el campo de trigo, y entonces todas salen corriendo, como si tuvieran alas en sus talones. Yo, que no soy tan ágil, me quedo atrás, y cuando veo que llevan a casa su ganado pienso que es hora de que yo también regrese. Cuando he cenado, voy al jardín y a la orilla de un pequeño río que pasa por allí, donde me siento y deseo que estés conmigo...».

Se podría jurar que tenía madera de escritora. Pero «ni aún sin dormir por quince días yo llegaría a eso»; se puede medir la oposición que había en el aire a que una mujer escribiera cuando se descubre que incluso una mujer con gran afición a la escritura se ha convencido de que escribir un libro era ridículo, incluso signo de trastornos mentales. Y así llegamos, continué, sustituyendo el único y breve volumen de las cartas de Dorothy Osborne en la biblioteca, a la señora Behn.

Y con la señora Behn doblamos una esquina muy importante en el camino. Dejamos atrás, encerradas en sus parques entre sus folios, a esas grandes damas solitarias que escribían sin público ni crítica, sólo para su propio deleite. Llegamos a la ciudad y nos codeamos con la gente corriente en las calles. La señora Behn era una mujer de clase media con todas las virtudes plebeyas del humor, la vitalidad y el coraje; una mujer obligada por la muerte de su marido y algunas desafortunadas aventuras propias a ganarse la vida con su ingenio. Tuvo que trabajar en igualdad de condiciones con los hombres. Ganó, trabajando muy duro, lo suficiente para vivir. La importancia de este hecho supera cualquier cosa que haya escrito, incluso el espléndido «Mil mártires que he hecho», o «El amor en el triunfo fantástico se sentó», porque aquí comienza la libertad de la mente, o más bien la

write what it likes. For now that Aphra Behn had done it, girls could go to their parents and say, You need not give me an allowance; I can make money by my pen. Of course the answer for many years to come was, Yes, by living the life of Aphra Behn! Death would be better! and the door was slammed faster than ever. That profoundly interesting subject, the value that men set upon women's chastity and its effect upon their education, here suggests itself for discussion, and might provide an interesting book if any student at Girton or Newnham cared to go into the matter. Lady Dudley, sitting in diamonds among the midges of a Scottish moor, might serve for frontispiece. Lord Dudley, *The Times* said when Lady Dudley died the other day, 'a man of cultivated taste and many accomplishments, was benevolent and bountiful, but whimsically despotic. He insisted upon his wife's wearing full dress, even at the remotest shooting-lodge in the Highlands; he loaded her with gorgeous jewels', and so on, 'he gave her everything — always excepting any measure of responsibility'. Then Lord Dudley had a stroke and she nursed him and ruled his estates with supreme competence for ever after. That whimsical despotism was in the nineteenth century too.

But to return. Aphra Behn proved that money could be made by writing at the sacrifice, perhaps, of certain agreeable qualities; and so by degrees writing became not merely a sign of folly and a distracted mind, but was of practical importance. A husband might die, or some disaster overtake the family. Hundreds of women began as the eighteenth century drew on to add to their pin money, or to come to the rescue of their families by making translations or writing the innumerable bad novels which have ceased to be recorded even in text-books, but are to be picked up in the fourpenny boxes in the Charing Cross Road. The extreme activity of mind which showed itself in the later eighteenth century among women — the talking, and the meeting, the writing of essays on Shakespeare, the translating of the classics — was founded on the solid fact that women could make money by writing. Money dignifies what is frivolous if unpaid for. It might still be well to sneer at 'blue stockings with an itch for scribbling', but it could not be denied that they could put money in their purses. Thus, towards the end of the eighteenth century a change

posibilidad de que con el tiempo la mente sea libre para escribir lo que quiera. Porque ahora que Aphra Behn lo había hecho, las muchachas podían ir a sus padres y decirles: «No hace falta que me den una mensualidad; puedo ganar dinero con mi pluma». Por supuesto, la respuesta durante muchos años fue: «¡Sí, viviendo la vida de Aphra Behn! ¡La muerte sería mejor!». Y la puerta se cierra de golpe más rápido que nunca. Ese tema profundamente interesante, el valor que los hombres otorgan a la castidad de las mujeres y su efecto en su educación, se sugiere aquí para ser discutido, y podría dar lugar a un libro interesante si alguna estudiante de Girton o Newnham se preocupara por profundizar en el asunto. Lady Dudley, sentada con diamantes entre los mosquitos de un páramo escocés, podría servir de frontispicio. Lord Dudley, dijo *The Times* cuando Lady Dudley murió el otro día, «un hombre de gusto cultivado y muchos logros, era benevolente y generoso, pero caprichosamente despótico. Él insistió en que su esposa llevara un vestido completo, incluso en el más remoto refugio de caza en las Highlands; él la cargó de magníficas joyas», y así sucesivamente, «él le dio todo —siempre exceptuando cualquier medida de responsabilidad». Luego Lord Dudley tuvo un ataque y ella lo cuidó y gobernó sus propiedades con suprema competencia por siempre. Ese despotismo caprichoso también se dio en el siglo XIX.

Pero volvamos al tema. Aphra Behn demostró que se podía ganar dinero escribiendo a costa de sacrificar, tal vez, ciertas cualidades agradables; y así, poco a poco, la escritura no se convirtió en un mero signo de locura y de una mente trastornada, sino que tuvo una importancia práctica. Un marido podía morir, o algún desastre sobrevenir a la familia. Cientos de mujeres empezaron, a medida que avanzaba el siglo XVIII, a engrosar el dinero de sus mensualidades o a socorrer a sus familias haciendo traducciones o escribiendo las innumerables malas novelas que han dejado de figurar incluso en los libros de texto, pero que se pueden encontrar en las cajas de cuatro peniques de Charing Cross Road. La extrema actividad mental que se manifestaba a finales del siglo XVIII entre las mujeres —las charlas y las reuniones, la redacción de ensayos sobre Shakespeare, la traducción de los clásicos— se basaba en el sólido hecho de que las mujeres podían ganar dinero escribiendo. El dinero dignifica lo que es frívolo si no se paga. Puede que todavía esté bien despreciar a las «marisabidillas con manía por los garabatos», pero no se puede negar que po-

came about which, if I were rewriting history, I should describe more fully and think of greater importance than the Crusades or the Wars of the Roses. The middle-class woman began to write. For if *Pride and Prejudice* matters, and *Middlemarch* and *Villette* and *Wuthering Heights* matter, then it matters far more than I can prove in an hour's discourse that women generally, and not merely the lonely aristocrat shut up in her country house among her folios and her flatterers, took to writing. Without those forerunners, Jane Austen and the Brontës and George Eliot could no more have written than Shakespeare could have written without Marlowe, or Marlowe without Chaucer, or Chaucer without those forgotten poets who paved the ways and tamed the natural savagery of the tongue. For masterpieces are not single and solitary births; they are the outcome of many years of thinking in common, of thinking by the body of the people, so that the experience of the mass is behind the single voice. Jane Austen should have laid a wreath upon the grave of Fanny Burney, and George Eliot done homage to the robust shade of Eliza Carter — the valiant old woman who tied a bell to her bedstead in order that she might wake early and learn Greek. All women together ought to let flowers fall upon the tomb of Aphra Behn, which is, most scandalously but rather appropriately, in Westminster Abbey, for it was she who earned them the right to speak their minds. It is she — shady and amorous as she was — who makes it not quite fantastic for me to say to you to-night: Earn five hundred a year by your wits.

Here, then, one had reached the early nineteenth century. And here, for the first time, I found several shelves given up entirely to the works of women. But why, I could not help asking, as I ran my eyes over them, were they, with very few exceptions, all novels? The original impulse was to poetry. The 'supreme head of song' was a poetess. Both in France and in England the women poets precede the women novelists. Moreover, I thought, looking at the four famous names, what had George Eliot in common with Emily Brontë? Did not Charlotte Brontë fail entirely to understand Jane Austen? Save for the possibly relevant fact that not one of them had a child, four more incongruous characters could not have met together in a room — so much so that it is tempting to invent a meeting and a dialogue between them. Yet by some strange force they were all compelled when they wrote, to

dían poner dinero en sus carteras. Así, hacia finales del siglo XVIII se produjo un cambio que, si yo reescribiera la historia, describiría con más detalle y consideraría de mayor importancia que las Cruzadas o las Guerras de las Rosas. La mujer de clase media comenzó a escribir. Porque si *Orgullo y prejuicio* importa, y *Middlemarch* y *Villette* y *Cumbres borrascosas* importan, entonces importa mucho más de lo que puedo demostrar en una hora de discurso que las mujeres en general, y no sólo la aristócrata solitaria encerrada en su casa de campo entre sus folios y sus aduladores, se dedicaron a escribir. Sin esas precursoras, Jane Austen y las Brontë y George Eliot no podrían haber escrito más de lo que Shakespeare podría haber escrito sin Marlowe, o Marlowe sin Chaucer, o Chaucer sin esos poetas olvidados que allanaron los caminos y domaron el salvajismo natural de la lengua. Porque las obras maestras no son partos únicos y solitarios; son el resultado de muchos años de pensar en común, de pensar por el cuerpo del pueblo, para que la experiencia de la masa esté detrás de la voz única. Jane Austen debería haber depositado una corona de flores sobre la tumba de Fanny Burney, y George Eliot debería haber rendido homenaje a la robusta sombra de Eliza Carter: la valiente anciana que ató una campana a su cama para poder levantarse temprano y aprender griego. Todas las mujeres juntas deberían dejar caer flores sobre la tumba de Aphra Behn, que se encuentra, de forma muy escandalosa pero bastante apropiada, en la Abadía de Westminster, ya que fue ella quien ganó el derecho a decir lo que pensaban. Es ella, tan turbia y amorosa como era, la que hace que no sea del todo fantástico lo que le voy a decir esta noche: gana quinientas libras al año con tu ingenio.

Aquí, pues, una había llegado a principios del siglo XIX. Y aquí, por primera vez, encontré varios estantes dedicados por completo a las obras de mujeres. Pero ¿por qué, no pude evitar preguntarme, mientras recorría los estantes, eran, con muy pocas excepciones, todas novelas? El impulso original era la poesía. La «cabeza suprema de la canción» era una poetisa. Tanto en Francia como en Inglaterra las poetisas preceden a las novelistas. Además, pensé, viendo los cuatro nombres famosos, ¿qué tenían en común George Eliot y Emily Brontë? ¿Acaso no es sabido que Charlotte Brontë fue incapaz de entender a Jane Austen? Salvo el hecho, posiblemente relevante, de que ninguna de ellas tuvo hijos, cuatro personajes más incongruentes no podrían haber coincidido en una habitación, hasta el punto de que resulta tentador inventar un encuentro y un diálogo entre ellas.

write novels. Had it something to do with being born of the middle class, I asked; and with the fact, which Miss Emily Davies a little later was so strikingly to demonstrate, that the middle-class family in the early nineteenth century was possessed only of a single sitting-room between them? If a woman wrote, she would have to write in the common sitting-room. And, as Miss Nightingale was so vehemently to complain, — "women never have an half hour...that they can call their own" — she was always interrupted. Still it would be easier to write prose and fiction there than to write poetry or a play. Less concentration is required. Jane Austen wrote like that to the end of her days. 'How she was able to effect all this', her nephew writes in his Memoir, 'is surprising, for she had no separate study to repair to, and most of the work must have been done in the general sitting-room, subject to all kinds of casual interruptions. She was careful that her occupation should not be suspected by servants or visitors or any persons beyond her own family party[9]. Jane Austen hid her manuscripts or covered them with a piece of blotting-paper. Then, again, all the literary training that a woman had in the early nineteenth century was training in the observation of character, in the analysis of emotion. Her sensibility had been educated for centuries by the influences of the common sitting-room. People's feelings were impressed on her; personal relations were always before her eyes. Therefore, when the middle-class woman took to writing, she naturally wrote novels, even though, as seems evident enough, two of the four famous women here named were not by nature novelists. Emily Brontë should have written poetic plays; the overflow of George Eliot's capacious mind should have spread itself when the creative impulse was spent upon history or biography. They wrote novels, however; one may even go further, I said, taking *Pride and Prejudice* from the shelf, and say that they wrote good novels. Without boasting or giving pain to the opposite sex, one may say that *Pride and Prejudice* is a good book. At any rate, one would not have been ashamed to have been caught in the act of writing *Pride and Prejudice*. Yet Jane Austen was glad that a hinge creaked, so that she might hide her manuscript before anyone came in. To Jane Austen there was something discreditable in writing *Pride and Prejudice*. And, I wondered, would *Pride and Prejudice* have been a better novel if Jane Austen had not thought it necessary to hide her manuscript from visitors? I read a page or two to see; but

---

9 *Memoir of Jane Austen*, by her nephew, James Edward Austen-Leigh.

Sin embargo, por alguna extraña fuerza, todas se vieron obligadas a escribir novelas. Me pregunté si tenía algo que ver con el hecho de haber nacido en la clase media, y con el hecho, que la señorita Emily Davies demostraría de forma tan sorprendente un poco más tarde, de que la familia de clase media de principios del siglo XIX sólo disponía de una única sala de estar a su alrededor. Si una mujer escribía, tenía que hacerlo en el salón común. Y, como la señorita Nightingale se quejaba con tanta vehemencia, «las mujeres nunca tienen una media hora... que puedan llamar suya», siempre era interrumpida. Aún así, sería más fácil escribir prosa y ficción allí que escribir poesía o una obra de teatro. Se requiere menos concentración. Jane Austen escribió así hasta el final de sus días. «Cómo pudo hacer todo esto», escribe su sobrino en sus memorias, «es sorprendente, ya que no tenía un estudio separado al que acudir, y la mayor parte del trabajo debía realizarse en la sala de estar general, sujeta a todo tipo de interrupciones casuales. Ella cuidaba que su ocupación no fuera sospechada por los sirvientes o visitantes o cualquier otra persona más allá de su propio grupo familiar»[9]. Jane Austen escondía sus manuscritos o los cubría con un trozo de papel secante. Además, toda la formación literaria que tenía una mujer a principios del siglo XIX era una formación en la observación del carácter, en el análisis de las emociones. Su sensibilidad había sido educada durante siglos por las influencias del salón común. Los sentimientos de la gente estaban impresos en ella; las relaciones personales estaban siempre ante sus ojos. Por lo tanto, cuando la mujer de clase media se dedicó a escribir, lo hizo de forma natural, aunque, como parece bastante evidente, dos de las cuatro mujeres famosas aquí nombradas no eran novelistas por naturaleza. Emily Brontë debería haber escrito obras de teatro poéticas; el desbordamiento de la mente capacitada de George Eliot debería haberse extendido, cuando el impulso creativo se había gastado, a la historia o la biografía. Sin embargo, escribieron novelas; incluso se puede ir más allá, diría yo, tomando *Orgullo y prejuicio* de la biblioteca, y decir que escribieron buenas novelas. Sin presumir ni querer herir al sexo opuesto, se puede decir que *Orgullo y prejuicio* es un buen libro. En cualquier caso, una no se habría avergonzado de haber sido sorprendida en el acto de escribir *Orgullo y prejuicio*. Sin embargo, Jane Austen se alegró de que crujiera un gozne para poder esconder su manuscrito antes de que entrara alguien. Para Jane Aus-

9 *Memoir of Jane Austen*, por su sobrino, James Edward Austen-Leigh.

I could not find any signs that her circumstances had harmed her work in the slightest. That, perhaps, was the chief miracle about it. Here was a woman about the year 1800 writing without hate, without bitterness, without fear, without protest, without preaching. That was how Shakespeare wrote, I thought, looking at *Antony and Cleopatra*; and when people compare Shakespeare and Jane Austen, they may mean that the minds of both had consumed all impediments; and for that reason we do not know Jane Austen and we do not know Shakespeare, and for that reason Jane Austen pervades every word that she wrote, and so does Shakespeare. If Jane Austen suffered in any way from her circumstances it was in the narrowness of life that was imposed upon her. It was impossible for a woman to go about alone. She never travelled; she never drove through London in an omnibus or had luncheon in a shop by herself. But perhaps it was the nature of Jane Austen not to want what she had not. Her gift and her circumstances matched each other completely. But I doubt whether that was true of Charlotte Brontë, I said, opening *Jane Eyre* and laying it beside *Pride and Prejudice*.

I opened it at chapter twelve and my eye was caught by the phrase 'Anybody may blame me who likes'. What were they blaming Charlotte Brontë for? I wondered. And I read how Jane Eyre used to go up on to the roof when Mrs Fairfax was making jellies and looked over the fields at the distant view. And then she longed — and it was for this that they blamed her — that 'then I longed for a power of vision which might overpass that limit; which might reach the busy world, towns, regions full of life I had heard of but never seen: that then I desired more of practical experience than I possessed; more of intercourse with my kind, of acquaintance with variety of character than was here within my reach. I valued what was good in Mrs Fairfax, and what was good in Adele; but I believed in the existence of other and more vivid kinds of goodness, and what I believed in I wished to behold.

'Who blames me? Many, no doubt, and I shall be called discontented. I could not help it: the restlessness was in my nature; it agitated me to pain sometimes...

ten, escribir *Orgullo y prejuicio* tenía algo de vergonzoso. Y, me pregunté, ¿habría sido *Orgullo y prejuicio* una mejor novela si Jane Austen no hubiera creído necesario ocultar su manuscrito a los visitantes? Leí una o dos páginas para comprobarlo, pero no pude encontrar ningún indicio de que sus circunstancias hubieran perjudicado su obra en lo más mínimo. Ese era, quizás, el principal milagro de la obra. Aquí estaba una mujer en torno al año 1800 escribiendo sin odio, sin amargura, sin miedo, sin protestar, sin predicar. Así era como escribía Shakespeare, pensé, mirando a *Antonio y Cleopatra*; y cuando la gente compara a Shakespeare con Jane Austen puede querer decir que las mentes de ambos habían consumido todos los impedimentos; y por esa razón no conocemos a Jane Austen y no conocemos a Shakespeare, y por esa razón Jane Austen impregna cada palabra que escribió, y lo mismo ocurre con Shakespeare. Si Jane Austen sufrió de alguna manera por sus circunstancias fue por la estrechez de vida que se le impuso. Era imposible para una mujer andar sola. Nunca viajó, nunca recorrió Londres en ómnibus ni almorzó sola en un local. Pero quizás la naturaleza de Jane Austen era no querer lo que no tenía. Su don y sus circunstancias coincidían completamente. Pero dudo que eso sea cierto en el caso de Charlotte Brontë, dije, abriendo *Jane Eyre* y colocándolo al lado de *Orgullo y prejuicio*.

Lo abrí en el capítulo doce y me llamó la atención la frase «Que me culpe quien quiera». ¿De qué se culpaba a Charlotte Brontë? me pregunté. Y leí cómo Jane Eyre subía a la azotea cuando la señora Fairfax preparaba gelatinas y miraba el paisaje distante sobre los campos. Y entonces anhelaba —y fue por esto que la culpaban— que «entonces yo anhelaba un poder de visión que pudiera sobrepasar ese límite; que pudiera alcanzar el mundo ajetreado, las ciudades, las regiones llenas de vida de las que había oído hablar pero que nunca había visto: que entonces yo deseaba más experiencia práctica de la que poseía; más relaciones con los de mi clase, más conocimiento de la variedad de caracteres de lo que estaba a mi alcance. Yo valoraba lo que había de bueno en la señora Fairfax y lo que había de bueno en Adele; pero creía en la existencia de otros tipos de bondad más vivos, y deseaba contemplar lo que creía.

«¿Quién me culpa? Muchos, sin duda, y me dirán que soy una desagradecida. No podía evitarlo: la inquietud estaba en mi naturaleza; me agitaba hasta el dolor a veces...

'It is vain to say human beings ought to be satisfied with tranquillity: they must have action; and they will make it if they cannot find it. Millions are condemned to a stiller doom than mine, and millions are in silent revolt against their lot. Nobody knows how many rebellions ferment in the masses of life which people earth. Women are supposed to be very calm generally: but women feel just as men feel; they need exercise for their faculties and a field for their efforts as much as their brothers do; they suffer from too rigid a restraint, too absolute a stagnation, precisely as men would suffer; and it is narrow-minded in their more privileged fellow-creatures to say that they ought to confine themselves to making puddings and knitting stockings, to playing on the piano and embroidering bags. It is thoughtless to condemn them, or laugh at them, if they seek to do more or learn more than custom has pronounced necessary for their sex.

'When thus alone I not unfrequently heard Grace Poole's laugh...'

That is an awkward break, I thought. It is upsetting to come upon Grace Poole all of a sudden. The continuity is disturbed. One might say, I continued, laying the book down beside *Pride and Prejudice*, that the woman who wrote those pages had more genius in her than Jane Austen; but if one reads them over and marks that jerk in them, that indignation, one sees that she will never get her genius expressed whole and entire. Her books will be deformed and twisted. She will write in a rage where she should write calmly. She will write foolishly where she should write wisely. She will write of herself where she should write of her characters. She is at war with her lot. How could she help but die young, cramped and thwarted?

One could not but play for a moment with the thought of what might have happened if Charlotte Brontë had possessed say three hundred a year — but the foolish woman sold the copyright of her novels outright for fifteen hundred pounds; had somehow possessed more knowledge of the busy world, and towns and regions full of life; more practical experience, and intercourse with her kind and acquaintance with a variety of character. In those words she puts her finger exactly not only upon her own defects as a novelist but upon those of her sex at that time. She knew, no one better, how enormous-

«Es vano decir que los seres humanos deberían estar satisfechos con la tranquilidad: necesitan acción; y la crearán si no la encuentran. Millones están condenados a un destino más tranquilo que el mío, y millones se rebelan en silencio contra su suerte. Nadie sabe cuántas rebeliones fermentan en las masas de la vida de la gente que puebla la tierra. Se supone que las mujeres son muy tranquilas en general: pero las mujeres sienten igual que los hombres; necesitan el ejercicio de sus facultades y un campo para sus esfuerzos tanto como sus hermanos; sufren de una restricción demasiado rígida, de un estancamiento demasiado absoluto, precisamente como sufrirían los hombres; y es una estrechez de miras en sus congéneres más privilegiados decir que deben limitarse a hacer budines y tejer medias, a tocar el piano y a bordar bolsos. Es desconsiderado condenarlas, o reírse de ellas, si buscan hacer más o aprender más de lo que la costumbre ha declarado necesario para su sexo.

«Cuando estaba así a solas, no pocas veces oí la risa de Grace Poole...».

Es una interrupción incómoda, pensé. Es molesto encontrarse con Grace Poole de repente. La continuidad se ve alterada. Se podría decir, continué, dejando el libro al lado de *Orgullo y prejuicio*, que la mujer que escribió esas páginas tenía más genio que Jane Austen; pero si uno las lee de nuevo y remarca esa agitación en ellas, esa indignación, uno ve que ella nunca conseguirá que su genio se exprese entero y completamente. Sus libros serán deformados y retorcidos. Escribirá con rabia donde debería escribir con calma. Escribirá neciamente donde debería escribir sabiamente. Escribirá sobre sí misma donde debería escribir sobre sus personajes. Está en guerra con su suerte. ¿Cómo podría evitar morir joven, encogida y frustrada?

Una no puede dejar de jugar por un momento con la idea de lo que podría haber sucedido si Charlotte Brontë hubiera poseído, digamos, trescientas libras al año; pero la insensata mujer vendió los derechos de autor de sus novelas en su totalidad por mil quinientas libras; si hubiera poseído, de alguna manera, más conocimiento del ajetreado mundo, y de las ciudades y regiones llenas de vida; más experiencia práctica, y relaciones con su clase y conocimiento de una variedad de caracteres. En esas palabras puso el dedo exactamente no sólo en sus propios defectos como novelista, sino en los de su sexo en aque-

ly her genius would have profited if it had not spent itself in solitary visions over distant fields; if experience and intercourse and travel had been granted her. But they were not granted; they were withheld; and we must accept the fact that all those good novels, *Villette*, *Emma*, *Wuthering Heights*, *Middlemarch*, were written by women without more experience of life than could enter the house of a respectable clergyman; written too in the common sitting-room of that respectable house and by women so poor that they could not afford to buy more than a few quires of paper at a time upon which to write *Wuthering Heights* or *Jane Eyre*. One of them, it is true, George Eliot, escaped after much tribulation, but only to a secluded villa in St John's Wood. And there she settled down in the shadow of the world's disapproval. 'I wish it to be understood', she wrote, 'that I should never invite anyone to come and see me who did not ask for the invitation'; for was she not living in sin with a married man and might not the sight of her damage the chastity of Mrs Smith or whoever it might be that chanced to call? One must submit to the social convention, and be 'cut off from what is called the world'. At the same time, on the other side of Europe, there was a young man living freely with this gypsy or with that great lady; going to the wars; picking up unhindered and uncensored all that varied experience of human life which served him so splendidly later when he came to write his books. Had Tolstoi lived at the Priory in seclusion with a married lady 'cut off from what is called the world', however edifying the moral lesson, he could scarcely, I thought, have written *War and Peace*.

But one could perhaps go a little deeper into the question of novel-writing and the effect of sex upon the novelist. If one shuts one's eyes and thinks of the novel as a whole, it would seem to be a creation owning a certain looking-glass likeness to life, though of course with simplifications and distortions innumerable. At any rate, it is a structure leaving a shape on the mind's eye, built now in squares, now pagoda shaped, now throwing out wings and arcades, now solidly compact and domed like the Cathedral of Saint Sofia at Constantinople. This shape, I thought, thinking back over certain famous novels, starts in one the kind of emotion that is appropriate to it. But that emotion at once blends itself with others, for the 'shape' is not made by the relation of stone to stone, but by the relation of human being

lla época. Ella sabía, y nadie mejor que ella, lo mucho que se habría beneficiado su genio si no se hubiera gastado en visiones solitarias sobre campos lejanos; si se le hubiera concedido la experiencia, las relaciones y los viajes. Pero no fueron concedidos; le fueron retenidos; y debemos aceptar el hecho de que todas esas buenas novelas, *Villette, Emma, Cumbres borrascosas, Middlemarch*, fueron escritas por mujeres sin más experiencia en la vida que la que podía entrar en la casa de un respetable clérigo; escritas también en la sala de estar en común de esa respetable casa y por mujeres tan pobres que no podían permitirse comprar más que unos pocos cuartillos de papel a la vez sobre los que escribir *Cumbres borrascosas* o *Jane Eyre*. Una de ellas, es cierto, George Eliot, escapó después de muchas tribulaciones, pero sólo a una villa aislada en St. John's Wood. Y allí se estableció a la sombra de la desaprobación del mundo. «Quisiera que quede claro», escribió, «que nunca invitaría a nadie a venir a verme que no pidiera la invitación primero»; porque ¿no estaba acaso viviendo en pecado con un hombre casado y no podría su presencia dañar la castidad de la señora Smith o de quienquiera que fuera a visitarla? Una debe someterse a la convención social y quedar «apartada de lo que se llama el mundo». Al mismo tiempo, al otro lado de Europa, había un joven que vivía libremente con esta gitana o con aquella gran dama; que iba a las guerras; que recogía sin trabas y sin censura toda esa variada experiencia de la vida humana que le sirvió tan espléndidamente después cuando llegó a escribir sus libros. Si Tolstoi hubiera vivido en el priorato en reclusión con una dama casada «apartada de lo que se llama el mundo», por muy edificante que fuera la lección moral, difícilmente habría podido escribir *La guerra y la paz*.

Pero quizás se podría profundizar un poco más en la cuestión de la escritura de novelas y el efecto del sexo sobre el novelista. Si una cierra los ojos y piensa en la novela como un todo, parecería que ésta es una creación que posee una cierta semejanza con la vida, aunque por supuesto con innumerables simplificaciones y distorsiones. En cualquier caso, es una estructura que deja una forma en el ojo de la mente, construida ahora en cuadrados, ahora en forma de pagoda, ahora lanzando alas y arcadas, ahora sólidamente compacta y abovedada como la Catedral de Santa Sofía en Constantinopla. Esta forma, pensé, recordando ciertas novelas famosas, provoca en una el tipo de emoción que le corresponde. Pero esa emoción se mezcla enseguida con otras, porque la «forma» no está hecha por la relación de la piedra

to human being. Thus a novel starts in us all sorts of antagonistic and opposed emotions. Life conflicts with something that is not life. Hence the difficulty of coming to any agreement about novels, and the immense sway that our private prejudices have upon us. On the one hand we feel You — John the hero — must live, or I shall be in the depths of despair. On the other, we feel, Alas, John, you must die, because the shape of the book requires it. Life conflicts with something that is not life. Then since life it is in part, we judge it as life. James is the sort of man I most detest, one says. Or, This is a farrago of absurdity. I could never feel anything of the sort myself. The whole structure, it is obvious, thinking back on any famous novel, is one of infinite complexity, because it is thus made up of so many different judgements, of so many different kinds of emotion. The wonder is that any book so composed holds together for more than a year or two, or can possibly mean to the English reader what it means for the Russian or the Chinese. But they do hold together occasionally very remarkably. And what holds them together in these rare instances of survival (I was thinking of *War and Peace*) is something that one calls integrity, though it has nothing to do with paying one's bills or behaving honourably in an emergency. What one means by integrity, in the case of the novelist, is the conviction that he gives one that this is the truth. Yes, one feels, I should never have thought that this could be so; I have never known people behaving like that. But you have convinced me that so it is, so it happens. One holds every phrase, every scene to the light as one reads — for Nature seems, very oddly, to have provided us with an inner light by which to judge of the novelist's integrity or disintegrity. Or perhaps it is rather that Nature, in her most irrational mood, has traced in invisible ink on the walls of the mind a premonition which these great artists confirm; a sketch which only needs to be held to the fire of genius to become visible. When one so exposes it and sees it come to life one exclaims in rapture, But this is what I have always felt and known and desired! And one boils over with excitement, and, shutting the book even with a kind of reverence as if it were something very precious, a stand-by to return to as long as one lives, one puts it back on the shelf, I said, taking *War and Peace* and putting it back in its place. If, on the other hand, these poor sentences that one takes and tests rouse first a quick and eager response with their bright colouring and their dashing gestures but there they stop: something seems to check them in their development: or if they bring to light only a faint scribble in that

con la piedra, sino por la relación del ser humano con el ser humano. Así, una novela pone en marcha en nosotros todo tipo de emociones antagónicas y opuestas. La vida entra en conflicto con algo que no es la vida. De ahí la dificultad de llegar a un acuerdo sobre las novelas, y la inmensa influencia que ejercen sobre nosotros nuestros prejuicios privados. Por un lado, sentimos que Tú —Juan el héroe— debe vivir, o yo me encontraré en las profundidades de la desesperación. Por otro lado, sentimos: «Ay, John, debes morir, porque la forma del libro lo requiere». La vida entra en conflicto con algo que no es la vida. Entonces, como la vida es en parte, la juzgamos como vida. «James es el tipo de hombre que más detesto», una dice. O, «esto es un fárrago de absurdos». «Yo misma nunca podría sentir nada de eso». Toda la estructura, es obvio, pensando en cualquier novela famosa, es de una complejidad infinita, porque está compuesta así de tantos juicios diferentes, de tantos tipos de emoción diferentes. Lo sorprendente es que cualquier libro así compuesto se mantenga unido durante más de un año o dos, o que pueda significar para el lector inglés lo que significa para el ruso o el chino. Pero a veces se mantienen unidos de forma muy notable. Y lo que los mantiene unidos en estos raros casos de supervivencia (estaba pensando en *La guerra y la paz*) es algo que se llama integridad, aunque no tiene nada que ver con el pago de las cuentas o el comportamiento honorable en una emergencia. Lo que una entiende por integridad, en el caso del novelista, es la convicción que le da a una de que esa es la verdad. Sí, una siente que nunca habría pensado que esto pudiera ser así; «nunca he conocido a gente que se comportara así. Pero usted me ha convencido de que así es, de que así sucede». Una sostiene cada frase, cada escena a la luz mientras lee, porque la naturaleza parece, muy extrañamente, habernos proporcionado una luz interior para juzgar la integridad o falta de integridad del novelista. O tal vez sea más bien que la Naturaleza, en su estado de ánimo más irracional, ha trazado con tinta invisible en las paredes de la mente una premonición que estos grandes artistas confirman; un boceto que sólo necesita ser sostenido al fuego del genio para hacerse visible. Cuando una lo expone y lo ve cobrar vida, una exclama extasiada: «¡Pero si esto es lo que siempre he sentido, sabido y deseado!». Y una hierve de emoción, y, cerrando el libro incluso con una especie de reverencia como si fuera algo muy precioso, una reserva a la que volver mientras una viva, lo vuelve a poner en la biblioteca, dije, cogiendo *La guerra y la paz* y poniéndolo en su sitio. Si, por el contrario, esas pobres frases que una toma y comprueba sus-

corner and a blot over there, and nothing appears whole and entire, then one heaves a sigh of disappointment and says. Another failure. This novel has come to grief somewhere.

And for the most part, of course, novels do come to grief somewhere. The imagination falters under the enormous strain. The insight is confused; it can no longer distinguish between the true and the false, it has no longer the strength to go on with the vast labour that calls at every moment for the use of so many different faculties. But how would all this be affected by the sex of the novelist, I wondered, looking at *Jane Eyre* and the others. Would the fact of her sex in any way interfere with the integrity of a woman novelist — that integrity which I take to be the backbone of the writer? Now, in the passages I have quoted from *Jane Eyre*, it is clear that anger was tampering with the integrity of Charlotte Brontë the novelist. She left her story, to which her entire devotion was due, to attend to some personal grievance. She remembered that she had been starved of her proper due of experience — she had been made to stagnate in a parsonage mending stockings when she wanted to wander free over the world. Her imagination swerved from indignation and we feel it swerve. But there were many more influences than anger tugging at her imagination and deflecting it from its path. Ignorance, for instance. The portrait of Rochester is drawn in the dark. We feel the influence of fear in it; just as we constantly feel an acidity which is the result of oppression, a buried suffering smouldering beneath her passion, a rancour which contracts those books, splendid as they are, with a spasm of pain.

And since a novel has this correspondence to real life, its values are to some extent those of real life. But it is obvious that the values of women differ very often from the values which have been made by the other sex; naturally, this is so. Yet it is the masculine values that prevail. Speaking crudely, football and sport are 'important'; the worship of fashion, the buying of clothes 'trivial'. And these values are inevitably transferred from life to fiction. This is an important book, the critic assumes, because it deals with war. This is an insignificant book because it deals with the feelings of women in a drawing-room.

citan primero una respuesta rápida y ávida con su colorido brillante y sus gestos gallardos, pero se detienen ahí... algo parece frenarlas en su desarrollo: o si no sacan a la luz más que un tenue garabato en aquella esquina y un borrón por allá, y nada aparece entero y completo, entonces una lanza un suspiro de decepción y dice: «Otro fracaso. Esta novela se ha ido al garete en alguna parte».

Y la mayoría de las veces, por supuesto, las novelas se van al garete en alguna parte. La imaginación flaquea bajo la enorme tensión. La visión se confunde; ya no puede distinguir entre lo verdadero y lo falso, ya no tiene fuerzas para seguir con la vasta labor que exige en cada momento el uso de tantas facultades diferentes. Pero cómo afectaría a todo esto el sexo del novelista, me pregunté, mirando a *Jane Eyre* y a los demás. ¿Interferiría de algún modo el hecho de su sexo en la integridad de una mujer novelista, esa integridad que considero la columna vertebral del escritor? Ahora bien, en los pasajes que he citado de *Jane Eyre*, está claro que la ira estaba alterando la integridad de Charlotte Brontë la novelista. Dejó su historia, a la que debía toda su devoción, para atender algún agravio personal. Recordó que se le había privado de la experiencia que le correspondía, que la habían hecho estancarse en una casa parroquial remendando medias cuando ella quería vagar libremente por el mundo. Su imaginación se desvió por la indignación y nosotros la sentimos desviarse. Pero había muchas más influencias aparte de la ira que tiraban de su imaginación y la desviaban de su camino. La ignorancia, por ejemplo. El retrato de Rochester está dibujado en la oscuridad. Sentimos la influencia del miedo en ello; al igual que sentimos constantemente una acidez que es el resultado de la opresión, un sufrimiento enterrado que arde bajo su pasión, un rencor que contrae esos libros, espléndidos como son, con un espasmo de dolor.

Y como una novela tiene esta correspondencia con la vida real, sus valores son en cierta medida los de la vida real. Pero es obvio que los valores de las mujeres difieren muy a menudo de los valores que ha hecho el otro sexo; naturalmente, esto es así. Sin embargo, son los valores masculinos los que prevalecen. Hablando crudamente, el fútbol y el deporte son «importantes»; el culto a la moda, la compra de ropa «trivial». Y estos valores se trasladan inevitablemente de la vida a la ficción. Este es un libro importante, supone el crítico, porque trata de la guerra. Es un libro insignificante porque trata de los

A scene in a battle-field is more important than a scene in a shop — everywhere and much more subtly the difference of value persists. The whole structure, therefore, of the early nineteenth-century novel was raised, if one was a woman, by a mind which was slightly pulled from the straight, and made to alter its clear vision in deference to external authority. One has only to skim those old forgotten novels and listen to the tone of voice in which they are written to divine that the writer was meeting criticism; she was saying this by way of aggression, or that by way of conciliation. She was admitting that she was 'only a woman', or protesting that she was 'as good as a man'. She met that criticism as her temperament dictated, with docility and diffidence, or with anger and emphasis. It does not matter which it was; she was thinking of something other than the thing itself. Down comes her book upon our heads. There was a flaw in the centre of it. And I thought of all the women's novels that lie scattered, like small pock-marked apples in an orchard, about the second-hand book shops of London. It was the flaw in the centre that had rotted them. She had altered her values in deference to the opinion of others.

But how impossible it must have been for them not to budge either to the right or to the left. What genius, what integrity it must have required in face of all that criticism, in the midst of that purely patriarchal society, to hold fast to the thing as they saw it without shrinking. Only Jane Austen did it and Emily Brontë. It is another feather, perhaps the finest, in their caps. They wrote as women write, not as men write. Of all the thousand women who wrote novels then, they alone entirely ignored the perpetual admonitions of the eternal pedagogue — write this, think that. They alone were deaf to that persistent voice, now grumbling, now patronizing, now domineering, now grieved, now shocked, now angry, now avuncular, that voice which cannot let women alone, but must be at them, like some too-conscientious governess, adjuring them, like Sir Egerton Brydges, to be refined; dragging even into the criticism of poetry criticism of sex;[10] admonishing them, if they would be good and win, as I suppose, some shiny

10 [She] has a metaphysical purpose, and that is a dangerous obsession, especially with a woman, for women rarely possess men's healthy love of rhetoric. It is a strange lack in the sex which is in other things more primitive and more materialistic.' — *New Criterion*, June 1928.

sentimientos de las mujeres en un salón. Una escena en un campo de batalla es más importante que una escena en una tienda: en todas partes y mucho más sutilmente persiste la diferencia de valor. Toda la estructura, por lo tanto, de la novela de principios del siglo XIX fue erigida, si una era mujer, por una mente que estaba ligeramente apartada de lo correcto y a la que se le hizo alterar su clara visión en deferencia a la autoridad externa. Basta con hojear esas viejas novelas olvidadas y escuchar el tono de voz en que están escritas para adivinar que la escritora se enfrentaba a la crítica; decía esto a modo de agresión, o aquello a modo de conciliación. Admitía que era «sólo una mujer», o protestaba que era «tan buena como un hombre». Respondía a esas críticas como le dictaba su temperamento, con docilidad y timidez, o con ira y énfasis. No importa lo que sea; ella pensaba en algo más que en la cosa en sí. Desciende así su libro sobre nuestras cabezas. Hay un defecto en el centro del mismo. Y pensé en todas las novelas femeninas que yacen esparcidas, como pequeñas manzanas picadas en un huerto, por las librerías de segunda mano de Londres. Era el defecto en el centro lo que las había podrido. Había alterado sus valores en deferencia a la opinión de los demás.

Pero qué imposible debe haber sido para ellas no moverse ni a la derecha ni a la izquierda. Qué genio, qué integridad debe haber requerido frente a toda esa crítica, en medio de esa sociedad puramente patriarcal para aferrarse a la cosa tal como la veían sin acobardarse. Sólo Jane Austen lo hizo y Emily Brontë. Es otra pluma, quizás la más fina, en sus sombreros. Escribieron como escriben las mujeres, no como escriben los hombres. De todas las mil mujeres que escribieron novelas entonces, sólo ellas ignoraron por completo las perpetuas advertencias del eterno pedagogo: escribe esto, piensa aquello. Sólo ellas hicieron oídos sordos a esa voz persistente, ahora gruñona, ahora condescendiente, ahora dominante, ahora apenada, ahora escandalizada, ahora enfadada, ahora avuncular, esa voz que no puede dejar a las mujeres en paz, que está perpetuamente en ellas, como una institutriz demasiado concienzuda, aconsejándoles, como Sir Egerton Brydges, que sean refinadas; arrastrando incluso a la crítica de la poesía la crítica del sexo;[10] amonestándolas, si quieren

---

10 [Ella] tiene un propósito metafísico, y eso es una obsesión peligrosa, especialmente en una mujer, pues las mujeres rara vez poseen el sano amor propio a los hombres por la retórica. Es una extraña carencia en el sexo que

prize, to keep within certain limits which the gentleman in question thinks suitable — '... female novelists should only aspire to excellence by courageously acknowledging the limitations of their sex'.[11] That puts the matter in a nutshell, and when I tell you, rather to your surprise, that this sentence was written not in August 1828 but in August 1928, you will agree, I think, that however delightful it is to us now, it represents a vast body of opinion — I am not going to stir those old pools; I take only what chance has floated to my feet — that was far more vigorous and far more vocal a century ago. It would have needed a very stalwart young woman in 1828 to disregard all those snubs and chidings and promises of prizes. One must have been something of a firebrand to say to oneself, Oh, but they can't buy literature too. Literature is open to everybody. I refuse to allow you, Beadle though you are, to turn me off the grass. Lock up your libraries if you like; but there is no gate, no lock, no bolt, that you can set upon the freedom of my mind.

But whatever effect discouragement and criticism had upon their writing — and I believe that they had a very great effect — that was unimportant compared with the other difficulty which faced them (I was still considering those early nineteenth-century novelists) when they came to set their thoughts on paper — that is that they had no tradition behind them, or one so short and partial that it was of little help. For we think back through our mothers if we are women. It is useless to go to the great men writers for help, however much one may go to them for pleasure. Lamb, Browne, Thackeray, Newman, Sterne, Dickens, De Quincey — whoever it may be — never helped a woman yet, though she may have learnt a few tricks of them and adapted them to her use. The weight, the pace, the stride of a man's mind are too unlike her own for her to lift anything substantial from him successfully. The ape is too distant to be sedulous. Perhaps the first thing she would find, setting pen to paper, was that there was no common sentence ready for her use. All the great novelists like Thac-

---

11 'If, like the reporter, you believe that female novelists should only aspire to excellence by courageously acknowledging the limitations of their sex (Jane Austen [has] demonstrated how gracefully this gesture can be accomplished...).' — *Life and Letters*, August 1928.

ser buenas y ganar, como supongo, algún premio brillante, a mantenerse dentro de ciertos límites que el caballero en cuestión considera adecuados. «... las mujeres novelistas sólo deberían aspirar a la excelencia, reconociendo valientemente las limitaciones de su sexo»[11]. Esto resume el asunto y, cuando les diga, para su sorpresa, que esta frase no fue escrita en agosto de 1828, sino en agosto de 1928, estarán de acuerdo, creo, en que por muy deliciosa que nos resulte ahora, representa un vasto cuerpo de opinión —no voy a remover esos viejos charcos; sólo tomo lo que el azar ha hecho flotar a mis pies— que era mucho más vigoroso y mucho más ruidoso hace un siglo. Habría sido necesario que una joven muy incondicional en 1828 hiciera caso omiso de todos esos desaires, regaños y promesas de premios. Había que ser algo incendiaria para decirse a sí misma: «Oh, pero ellos no pueden comprar la literatura también. La literatura está abierta a todo el mundo. Me niego a permitir que usted, aunque sea bedel, me aparte de la hierba. Cierra tus bibliotecas si quieres, pero no hay puerta, ni cerradura, ni cerrojo que puedas poner a la libertad de mi mente».

Pero cualquiera que sea el efecto que el desánimo y la crítica hayan tenido sobre sus escritos —y creo que tuvieron un efecto muy grande—, eso no es importante comparado con la otra dificultad que enfrentaron (todavía estaba considerando a esos novelistas de principios del siglo XIX) cuando llegaron a poner sus pensamientos en papel, es decir, que no tenían ninguna tradición detrás de ellas, o una tan corta y parcial que era de poca ayuda. Porque, si somos mujeres, pensamos en nuestras madres. Es inútil acudir a los grandes escritores en busca de ayuda, por mucho que se acuda a ellos por placer. Lamb, Browne, Thackeray, Newman, Sterne, Dickens, De Quincey —sea quien sea— nunca han ayudado a una mujer, aunque ella haya aprendido algunos trucos de ellos y los haya adaptado a su uso. El peso, el ritmo y el paso de la mente de un hombre son demasiado diferentes a los suyos para que ella pueda sacar algo sustancial de él

es en otras cosas más primitivo y más materialista' —*New Criterion*, junio de 1928

11 «Si usted, como el autor, cree que las mujeres novelistas sólo deben aspirar a la excelencia reconociendo valientemente las limitaciones de su sexo (Jane Austen [ha] demostrado con qué gracia se puede lograr este gesto...)». —*Life and Letters*, agosto de 1928

keray and Dickens and Balzac have written a natural prose, swift but not slovenly, expressive but not precious, taking their own tint without ceasing to be common property. They have based it on the sentence that was current at the time. The sentence that was current at the beginning of the nineteenth century ran something like this perhaps: 'The grandeur of their works was an argument with them, not to stop short, but to proceed. They could have no higher excitement or satisfaction than in the exercise of their art and endless generations of truth and beauty. Success prompts to exertion; and habit facilitates success.' That is a man's sentence; behind it one can see Johnson, Gibbon and the rest. It was a sentence that was unsuited for a woman's use. Charlotte Brontë, with all her splendid gift for prose, stumbled and fell with that clumsy weapon in her hands. George Eliot committed atrocities with it that beggar description. Jane Austen looked at it and laughed at it and devised a perfectly natural, shapely sentence proper for her own use and never departed from it. Thus, with less genius for writing than Charlotte Brontë, she got infinitely more said. Indeed, since freedom and fullness of expression are of the essence of the art, such a lack of tradition, such a scarcity and inadequacy of tools, must have told enormously upon the writing of women. Moreover, a book is not made of sentences laid end to end, but of sentences built, if an image helps, into arcades or domes. And this shape too has been made by men out of their own needs for their own uses. There is no reason to think that the form of the epic or of the poetic play suit a woman any more than the sentence suits her. But all the older forms of literature were hardened and set by the time she became a writer. The novel alone was young enough to be soft in her hands another reason, perhaps, why she wrote novels. Yet who shall say that even now 'the novel' (I give it inverted commas to mark my sense of the words' inadequacy), who shall say that even this most pliable of all forms is rightly shaped for her use? No doubt we shall find her knocking that into shape for herself when she has the free use of her limbs; and providing some new vehicle, not necessarily in verse, for the poetry in her. For it is the poetry that is still denied outlet. And I went on to ponder how a woman nowadays would write a poetic tragedy in five acts. Would she use verse? — would she not use prose rather?

con éxito. El mono está demasiado lejos como para ser seductor. Tal vez lo primero que encontraría, al poner la pluma sobre el papel, es que no hay ninguna frase común lista para su uso. Todos los grandes novelistas como Thackeray y Dickens y Balzac han escrito una prosa natural, rápida pero no desaliñada, expresiva pero no preciosa, que toma su propio tinte sin dejar de ser propiedad común. Se han basado en la frase que estaba de moda en la época. La frase que estaba de moda a principios del siglo XIX decía tal vez algo así: «La grandeza de sus obras era para ellos un argumento, no para detenerse, sino para proseguir. No podían tener mayor emoción o satisfacción que en el ejercicio de su arte y de las interminables generaciones de la verdad y la belleza. El éxito incita al esfuerzo; y el hábito facilita el éxito». Esa es una frase de hombre; detrás de ella se puede ver a Johnson, a Gibbon y al resto. Era una frase inadecuada para el uso de una mujer. Charlotte Brontë, con todo su espléndido don para la prosa, tropezó y cayó con esa torpe arma en sus manos. George Eliot cometió con ella atrocidades que es mejor no describir. Jane Austen la miró y se rió de ella, e ideó una frase perfectamente natural y bien formada para su propio uso, y nunca se apartó de ella. Así, con menos genio para escribir que Charlotte Brontë, consiguió decir infinitamente más. De hecho, dado que la libertad y la plenitud de expresión son la esencia del arte, tal falta de tradición, tal escasez e inadecuación de herramientas, debe haber influido enormemente en la escritura de las mujeres. Además, un libro no está hecho de frases colocadas de punta a punta, sino de frases construidas, si una imagen ayuda, en arcadas o cúpulas. Y esta forma también ha sido hecha por los hombres a partir de sus propias necesidades para sus propios usos. No hay razón para pensar que la forma de la epopeya o de la obra poética se adapte a la mujer más que esa frase. Pero todas las formas más antiguas de la literatura estaban endurecidas y fijadas en el momento en que ella se convirtió en escritora. Sólo la novela era lo suficientemente joven como para ser blanda en sus manos, otra razón, tal vez, por la que escribió novelas. Sin embargo, ¿quién dirá que incluso ahora «la novela» (la pongo entre comillas para marcar mi sentido de la inadecuación de las palabras), quién dirá que incluso esta forma más flexible de todas está bien formada para su uso? Sin duda la encontraremos dándole forma cuando tenga el libre uso de sus miembros; y proporcionando algún nuevo vehículo, no necesariamente en verso, para la poesía que hay en ella. Porque es la poesía la que todavía no ha encontrado salida. Y continué reflexionando

But these are difficult questions which lie in the twilight of the future. I must leave them, if only because they stimulate me to wander from my subject into trackless forests where I shall be lost and, very likely, devoured by wild beasts. I do not want, and I am sure that you do not want me, to broach that very dismal subject, the future of fiction, so that I will only pause here one moment to draw your attention to the great part which must be played in that future so far as women are concerned by physical conditions. The book has somehow to be adapted to the body, and at a venture one would say that women's books should be shorter, more concentrated, than those of men, and framed so that they do not need long hours of steady and uninterrupted work. For interruptions there will always be. Again, the nerves that feed the brain would seem to differ in men and women, and if you are going to make them work their best and hardest, you must find out what treatment suits them — whether these hours of lectures, for instance, which the monks devised, presumably, hundreds of years ago, suit them — what alternations of work and rest they need, interpreting rest not as doing nothing but as doing something but something that is different; and what should that difference be? All this should be discussed and discovered; all this is part of the question of women and fiction. And yet, I continued, approaching the bookcase again, where shall I find that elaborate study of the psychology of women by a woman? If through their incapacity to play football women are not going to be allowed to practise medicine —

Happily my thoughts were now given another turn.

sobre cómo una mujer de hoy en día escribiría una tragedia poética en cinco actos. ¿Utilizaría el verso? ¿No utilizaría más bien la prosa?

Pero estas son cuestiones difíciles que se encuentran en la penumbra del futuro. Debo dejarlas, aunque sólo sea porque me estimulan a alejarme de mi tema en bosques sin caminos donde me perderé y, muy probablemente, seré devorada por las fieras. No quiero, y estoy segura de que ustedes no quieren, abordar ese tema tan sombrío, el futuro de la ficción, de modo que sólo me detendré aquí un momento para llamar su atención sobre el gran papel que deben desempeñar en ese futuro, en lo que respecta a las mujeres, las condiciones físicas. El libro tiene que adaptarse de alguna manera al cuerpo, y, lanzando una hipótesis, uno diría que los libros de las mujeres deben ser más cortos, más concentrados, que los de los hombres, y enmarcados de manera que no necesiten largas horas de trabajo constante e ininterrumpido. Porque interrupciones siempre habrá. Además, los nervios que alimentan el cerebro parecen diferir en los hombres y en las mujeres, y si se quiere que trabajen lo mejor posible y lo más intensamente posible, hay que averiguar qué tratamiento les conviene —si esas horas de lecciones, por ejemplo, que los monjes idearon, presumiblemente, hace cientos de años, les convienen—, qué alternancias de trabajo y descanso necesitan, interpretando el descanso no como no hacer nada, sino como hacer algo, pero algo diferente; y cuál debe ser esa diferencia. Todo esto debería discutirse y descubrirse; todo esto forma parte de la cuestión de las mujeres y la ficción. Y sin embargo, continué, acercándome de nuevo a la biblioteca, ¿dónde encontraré ese elaborado estudio sobre la psicología de las mujeres realizado por una mujer? Si por su incapacidad para jugar al fútbol no se va a permitir a las mujeres ejercer la medicina...

Felizmente, mis pensamientos dieron ahora un nuevo giro.

FIVE

I had come at last, in the course of this rambling, to the shelves which hold books by the living; by women and by men; for there are almost as many books written by women now as by men. Or if that is not yet quite true, if the male is still the voluble sex, it is certainly true that women no longer write novels solely. There are Jane Harrison's books on Greek archaeology; Vernon Lee's books on aesthetics; Gertrude Bell's books on Persia. There are books on all sorts of subjects which a generation ago no woman could have touched. There are poems and plays and criticism; there are histories and biographies, books of travel and books of scholarship and research; there are even a few philosophies and books about science and economics. And though novels predominate, novels themselves may very well have changed from association with books of a different feather. The natural simplicity, the epic age of women's writing, may have gone. Reading and criticism may have given her a wider range, a greater subtlety. The impulse towards autobiography may be spent. She may be beginning to use writing as an art, not as a method of self expression. Among these new novels one might find an answer to several such questions.

I took down one of them at random. It stood at the very end of the shelf, was called *Life's Adventure*, or some such title, by Mary Carmichael, and was published in this very month of October. It seems to be her first book, I said to myself, but one must read it as if it were the last volume in a fairly long series, continuing all those other books that I have been glancing at — Lady Winchilsea's poems and Aphra Behn's plays and the novels of the four great novelists. For books continue each other, in spite of our habit of judging them separately. And I must also consider her — this unknown woman — as the descendant of all those other women whose circumstances I have been glancing at and see what she inherits of their characteristics and restrictions. So, with a sigh, because novels so often provide an anodyne and not an antidote, glide one into torpid slumbers instead of rousing one with a burning brand, I settled down with a notebook and a pencil to make what I could of Mary Carmichael's first novel, *Life's Adventure*.

CINCO

En el transcurso de esta divagación, llegué por fin a los estantes que contienen libros de autores vivientes, mujeres y hombres, pues ahora hay casi tantos libros escritos por mujeres como por hombres. O si eso no es del todo cierto, si el hombre sigue siendo el sexo locuaz, es ciertamente verdad que las mujeres ya no escriben únicamente novelas. Hay libros de Jane Harrison sobre arqueología griega; libros de Vernon Lee sobre estética; libros de Gertrude Bell sobre Persia. Hay libros sobre todo tipo de temas que hace una generación ninguna mujer podría haber tocado. Hay poemas y obras de teatro y crítica; hay historias y biografías, libros de viajes y libros de erudición e investigación; hay incluso algunas filosofías y libros sobre ciencia y economía. Y aunque predominan las novelas, es muy posible que las propias novelas hayan cambiado por asociación con libros de otra índole. La simplicidad natural, la época épica de la escritura femenina, puede haber desaparecido. La lectura y la crítica pueden haberle dado un mayor alcance, una mayor sutileza. El impulso hacia la autobiografía puede haberse agotado. Puede que esté empezando a utilizar la escritura como un arte, no como un método de expresión personal. Entre estas nuevas novelas se podría encontrar una respuesta a varias de estas preguntas.

Tomé uno de ellos al azar. Estaba al final de la estantería, se llamaba *La aventura de la vida*, o algún título parecido, de Mary Carmichael, y se había publicado en este mismo mes de octubre. Parece ser su primer libro, me dije, pero hay que leerlo como si fuera el último volumen de una serie bastante larga, que continúa todos esos otros libros que he estado mirando: los poemas de Lady Winchilsea y las obras de teatro de Aphra Behn y las novelas de los cuatro grandes novelistas. Porque los libros se continúan unos a otros, a pesar de nuestra costumbre de juzgarlos por separado. Y también debo considerarla —a esta mujer desconocida— como descendiente de todas esas otras mujeres cuyas circunstancias he estado observando y ver qué hereda de sus características y restricciones. Así que, con un suspiro, porque las novelas a menudo proporcionan un analgésico y no un antídoto, la deslizan a una hacia un sueño torpe en lugar de despertarla con una marca ardiente, me senté con un cuaderno y un lápiz para hacer lo que podía de la primera novela de Mary Carmichael, *La aventura de la vida*.

To begin with, I ran my eye up and down the page. I am going to get the hang of her sentences first, I said, before I load my memory with blue eyes and brown and the relationship that there may be between Chloe and Roger. There will be time for that when I have decided whether she has a pen in her hand or a pickaxe. So I tried a sentence or two on my tongue. Soon it was obvious that something was not quite in order. The smooth gliding of sentence after sentence was interrupted. Something tore, something scratched; a single word here and there flashed its torch in my eyes. She was 'unhanding' herself as they say in the old plays. She is like a person striking a match that will not light, I thought. But why, I asked her as if she were present, are Jane Austen's sentences not of the right shape for you? Must they all be scrapped because Emma and Mr Woodhouse are dead? Alas, I sighed, that it should be so. For while Jane Austen breaks from melody to melody as Mozart from song to song, to read this writing was like being out at sea in an open boat. Up one went, down one sank. This terseness, this short-windedness, might mean that she was afraid of something; afraid of being called 'sentimental' perhaps; or she remembers that women's writing has been called flowery and so provides a superfluity of thorns; but until I have read a scene with some care, I cannot be sure whether she is being herself or someone else. At any rate, she does not lower one's vitality, I thought, reading more carefully. But she is heaping up too many facts. She will not be able to use half of them in a book of this size. (It was about half the length of *Jane Eyre*.) However, by some means or other she succeeded in getting us all — Roger, Chloe, Olivia, Tony and Mr Bigham — in a canoe up the river. Wait a moment, I said, leaning back in my chair, I must consider the whole thing more carefully before I go any further.

I am almost sure, I said to myself, that Mary Carmichael is playing a trick on us. For I feel as one feels on a switchback railway when the car, instead of sinking, as one has been led to expect, swerves up again. Mary is tampering with the expected sequence. First she broke the sentence; now she has broken the sequence. Very well, she has every right to do both these things if she does them not for the sake of breaking, but for the sake of creating. Which of the two it is I cannot be sure until she has faced herself with a situation. I will give her every liberty, I said, to choose what that situation shall be;

Para empezar, recorrí la página con la mirada. Primero voy a entender sus frases, me dije, antes de cargar mi memoria con ojos azules y marrones y la relación que pueda haber entre Chloe y Roger. Ya habrá tiempo para eso cuando haya decidido si ella tiene una pluma o un pico en la mano. Así que probé una o dos frases en mi lengua. Pronto fue evidente que algo no estaba en orden. El suave deslizamiento de una frase tras otra se interrumpió. Algo se rasgaba, algo raspaba; una sola palabra aquí y allá encendía su antorcha en mis ojos. Se estaba «soltando», como se dice en las viejas obras de teatro. Es como una persona que raspa una cerilla que no se enciende, pensé. Pero ¿por qué, le pregunté como si estuviera presente, las frases de Jane Austen no tienen la forma adecuada para ti? ¿Hay que desecharlas todas porque Emma y el señor Woodhouse han muerto? Ay, suspiré, que sea así. Porque mientras Jane Austen pasa de melodía en melodía como Mozart de canción en canción, leer este escrito era como estar en el mar en un barco descubierto. Una va hacia arriba y hacia abajo se hunde. Esta rapidez, este cortocircuito, podría significar que tenía miedo de algo; miedo de ser llamada «sentimental» tal vez; o recuerda que la escritura de las mujeres ha sido caracterizada como florida y por lo tanto proporciona una superfluidad de espinas; pero hasta que no haya leído una escena con cierto cuidado, no puedo estar segura de si está siendo ella misma o alguien más. En cualquier caso, no le quita a una la vitalidad, pensé al leer con más atención. Pero está acumulando demasiados hechos. No podrá utilizar la mitad de ellos en un libro de este tamaño (era más o menos la mitad de *Jane Eyre*). Sin embargo, por un medio u otro ha conseguido llevarnos a todos —Roger, Chloe, Olivia, Tony y el señor Bigham— en una canoa río arriba. Espera un momento, dije, echándome hacia atrás en mi silla, debo considerar todo el asunto con más detenimiento antes de seguir adelante.

Estoy casi segura, me dije, de que Mary Carmichael nos está jugando una broma. Porque me siento como una se siente en una vía férrea en curva cuando el vagón, en lugar de hundirse, como se esperaba, se tambalea de nuevo hacia arriba. Mary está alterando la secuencia esperada. Primero rompió la frase; ahora ha roto la secuencia. Muy bien, tiene todo el derecho a hacer ambas cosas si lo hace no por romper, sino por crear. De cuál de las dos cosas se trata, no puedo estar segura hasta que se enfrente a una situación. Le daré toda la libertad, dije, para que elija cuál será esa situación; la hará con latas

she shall make it of tin cans and old kettles if she likes; but she must convince me that she believes it to be a situation; and then when she has made it she must face it. She must jump. And, determined to do my duty by her as reader if she would do her duty by me as writer, I turned the page and read...I am sorry to break off so abruptly. Are there no men present? Do you promise me that behind that red curtain over there the figure of Sir Charles Biron is not concealed? We are all women you assure me? Then I may tell you that the very next words I read were these — 'Chloe liked Olivia...' Do not start. Do not blush. Let us admit in the privacy of our own society that these things sometimes happen. Sometimes women do like women.

'Chloe liked Olivia,' I read. And then it struck me how immense a change was there. Chloe liked Olivia perhaps for the first time in literature. Cleopatra did not like Octavia. And how completely *Antony and Cleopatra* would have been altered had she done so! As it is, I thought, letting my mind, I am afraid, wander a little from *Life's Adventure*, the whole thing is simplified, conventionalized, if one dared say it, absurdly. Cleopatra's only feeling about Octavia is one of jealousy. Is she taller than I am? How does she do her hair? The play, perhaps, required no more. But how interesting it would have been if the relationship between the two women had been more complicated. All these relationships between women, I thought, rapidly recalling the splendid gallery of fictitious women, are too simple. So much has been left out, unattempted. And I tried to remember any case in the course of my reading where two women are represented as friends. There is an attempt at it in *Diana of the Crossways*. They are confidantes, of course, in Racine and the Greek tragedies. They are now and then mothers and daughters. But almost without exception they are shown in their relation to men. It was strange to think that all the great women of fiction were, until Jane Austen's day, not only seen by the other sex, but seen only in relation to the other sex. And how small a part of a woman's life is that; and how little can a man know even of that when he observes it through the black or rosy spectacles which sex puts upon his nose. Hence, perhaps, the peculiar nature of woman in fiction; the astonishing extremes of her beauty and horror; her alternations between heavenly goodness and hellish depravity — for so a lover would see her as his love rose or sank, was prosperous or unhappy. This is not so true of the nineteenth-century novelists, of course. Woman becomes much more various and complicated there.

y teteras viejas si quiere; pero debe convencerme de que cree que se trata de una situación; y luego, cuando está hecho, debe enfrentarla. Debe saltar. Y, decidida a cumplir con mi deber como lectora si ella cumplía con el de escritora, pasé la página y leí... Siento interrumpir tan bruscamente. ¿No hay hombres presentes? ¿Me prometen que detrás de esa cortina roja de ahí no se esconde la figura de Sir Charles Biron? ¿Me aseguran que todas somos mujeres? Entonces puedo decirles que las palabras que leí a continuación fueron estas: «A Cloe le gustaba Olivia...». No se sobresalten. No se ruboricen. Admitamos en la intimidad de nuestra sociedad que estas cosas a veces suceden. A veces a las mujeres les gustan las mujeres.

«A Chloe le gustaba Olivia», leí. Y entonces me llamó la atención el inmenso cambio que se había producido. A Cloe le gustaba Olivia quizás por primera vez en la literatura. A Cleopatra no le gustaba Octavia. Y ¡cuán completamente se habría alterado *Antonio y Cleopatra* si ella lo hubiera hecho! Tal como están las cosas, pensé, dejando que mi mente, me temo, se desviara un poco de *La aventura de la vida*, todo el asunto está simplificado, convencionalizado, si una se atreviera a decirlo, absurdamente. El único sentimiento de Cleopatra hacia Octavia es el de los celos. ¿Es más alta que yo? ¿Cómo se peina? La obra, tal vez, no requería más. Pero qué interesante habría sido si la relación entre las dos mujeres hubiera sido más complicada. Todas estas relaciones entre mujeres, pensé, recordando rápidamente la espléndida galería de mujeres ficticias, son demasiado simples. Se han dejado muchas cosas fuera, sin intentarlas. Y traté de recordar algún caso en el curso de mi lectura en el que dos mujeres fueran representadas como amigas. Hay un intento en *Diana de los cruceros*. Hay confidentes, por supuesto, en Racine y en las tragedias griegas. De vez en cuando son madres e hijas. Pero casi sin excepción se muestran en su relación con los hombres. Resulta extraño pensar que todas las grandes mujeres de la ficción eran, hasta la época de Jane Austen, no sólo vistas por el otro sexo, sino vistas sólo en relación con el otro sexo. Y qué pequeña es esa parte de la vida de una mujer; y qué poco puede saber el hombre incluso de ella cuando la observa a través de las gafas negras o rosadas que el sexo le pone en la nariz. De ahí, tal vez, la peculiar naturaleza de la mujer en la ficción; los asombrosos extremos de su belleza y su horror; sus alternancias entre la bondad celestial y la depravación infernal —pues así la vería un amante según su amor se elevara o se hundiera, fuera próspero o infeliz.

Indeed it was the desire to write about women perhaps that led men by degrees to abandon the poetic drama which, with its violence, could make so little use of them, and to devise the novel as a more fitting receptacle. Even so it remains obvious, even in the writing of Proust, that a man is terribly hampered and partial in his knowledge of women, as a woman in her knowledge of men.

Also, I continued, looking down at the page again, it is becoming evident that women, like men, have other interests besides the perennial interests of domesticity. 'Chloe liked Olivia. They shared a laboratory together...' I read on and discovered that these two young women were engaged in mincing liver, which is, it seems, a cure for pernicious anaemia; although one of them was married and had — I think I am right in stating — two small children. Now all that, of course, has had to be left out, and thus the splendid portrait of the fictitious woman is much too simple and much too monotonous. Suppose, for instance, that men were only represented in literature as the lovers of women, and were never the friends of men, soldiers, thinkers, dreamers; how few parts in the plays of Shakespeare could be allotted to them; how literature would suffer! We might perhaps have most of Othello; and a good deal of Antony; but no Caesar, no Brutus, no Hamlet, no Lear, no Jaques — literature would be incredibly impoverished, as indeed literature is impoverished beyond our counting by the doors that have been shut upon women. Married against their will, kept in one room, and to one occupation, how could a dramatist give a full or interesting or truthful account of them? Love was the only possible interpreter. The poet was forced to be passionate or bitter, unless indeed he chose to 'hate women', which meant more often than not that he was unattractive to them.

Now if Chloe likes Olivia and they share a laboratory, which of itself will make their friendship more varied and lasting because it will be less personal; if Mary Carmichael knows how to write, and I was beginning to enjoy some quality in her style; if she has a room to herself, of which I am not quite sure; if she has five hundred a year of her

Esto no es tan cierto para los novelistas del siglo XIX, por supuesto. La mujer se vuelve mucho más variada y complicada allí. De hecho, fue el deseo de escribir sobre las mujeres lo que llevó a los hombres a abandonar gradualmente el drama poético que, con su violencia, podía hacer tan poco uso de ellas, y a idear la novela como un receptáculo más adecuado. Aun así, sigue siendo obvio, incluso en la escritura de Proust, que un hombre está terriblemente obstaculizado y es parcial en su conocimiento de las mujeres, como una mujer en su conocimiento de los hombres.

Además, continué, bajando la vista a la página de nuevo, es evidente que las mujeres, al igual que los hombres, tienen otros intereses además de los perennes de la domesticidad. «A Chloe le gustaba Olivia. Compartían un laboratorio juntas...». Seguí leyendo y descubrí que estas dos jóvenes se dedicaban a picar hígado, que es, al parecer, una cura para la anemia crónica; aunque una de ellas estaba casada y tenía —creo que estoy en lo cierto al afirmar— dos hijos pequeños. Ahora bien, todo eso, por supuesto, ha tenido que ser omitido, y así el espléndido retrato de la mujer ficticia es demasiado simple y demasiado monótono. Supongamos, por ejemplo, que los hombres sólo fueran representados en la literatura como los amantes de las mujeres, y que nunca fueran los amigos de los hombres, los soldados, los pensadores, los soñadores; ¡qué pocos papeles en las obras de Shakespeare podrían asignárseles; cómo sufriría la literatura! Podríamos tener la mayor parte de Otelo; y una buena parte de Antonio; pero ni César, ni Bruto, ni Hamlet, ni Lear, ni Jaques... la literatura quedaría increíblemente empobrecida, como lo está, de hecho, por las puertas que se han cerrado a las mujeres. Casadas contra su voluntad, recluidas en una habitación y con una sola ocupación, ¿cómo podría un dramaturgo dar un relato completo, interesante o veraz de ellas? El amor era el único intérprete posible. El poeta se veía obligado a ser apasionado o amargo, a no ser que optara por «odiar a las mujeres», lo que significaba la mayoría de las veces que resultaba poco atractivo para ellas.

Ahora bien, si a Cloe le gusta Olivia y comparten un laboratorio, lo que de por sí hará que su amistad sea más variada y duradera porque será menos personal; si Mary Carmichael sabe escribir —y yo comenzaba a disfrutar de cierta calidad en su estilo—, si tiene una habitación propia, de lo que no estoy del todo segura; si tiene quinientas li-

own — but that remains to be proved — then I think that something of great importance has happened.

For if Chloe likes Olivia and Mary Carmichael knows how to express it she will light a torch in that vast chamber where nobody has yet been. It is all half lights and profound shadows like those serpentine caves where one goes with a candle peering up and down, not knowing where one is stepping. And I began to read the book again, and read how Chloe watched Olivia put a jar on a shelf and say how it was time to go home to her children. That is a sight that has never been seen since the world began, I exclaimed. And I watched too, very curiously. For I wanted to see how Mary Carmichael set to work to catch those unrecorded gestures, those unsaid or half-said words, which form themselves, no more palpably than the shadows of moths on the ceiling, when women are alone, unlit by the capricious and coloured light of the other sex. She will need to hold her breath, I said, reading on, if she is to do it; for women are so suspicious of any interest that has not some obvious motive behind it, so terribly accustomed to concealment and suppression, that they are off at the flicker of an eye turned observingly in their direction. The only way for you to do it, I thought, addressing Mary Carmichael as if she were there, would be to talk of something else, looking steadily out of the window, and thus note, not with a pencil in a notebook, but in the shortest of shorthand, in words that are hardly syllabled yet, what happens when Olivia — this organism that has been under the shadow of the rock these million years — feels the light fall on it, and sees coming her way a piece of strange food — knowledge, adventure, art. And she reaches out for it, I thought, again raising my eyes from the page, and has to devise some entirely new combination of her resources, so highly developed for other purposes, so as to absorb the new into the old without disturbing the infinitely intricate and elaborate balance of the whole.

But, alas, I had done what I had determined not to do; I had slipped unthinkingly into praise of my own sex. 'Highly developed' — 'infinitely intricate' — such are undeniably terms of praise, and to praise one's own sex is always suspect, often silly; moreover, in this case, how could one justify it? One could not go to the map and say Columbus discovered America and Columbus was a woman; or take

bras al año por su cuenta —pero eso aún tiene que ser demostrado—, entonces creo que ha ocurrido algo de gran importancia.

Porque si a Cloe le gusta Olivia y Mary Carmichael sabe expresarlo, encenderá una antorcha en esa vasta cámara donde nadie ha penetrado todavía. Todo son medias luces y sombras profundas, como esas cuevas serpenteantes a las que una va con una vela asomándose arriba y abajo, sin saber dónde pisa. Y empecé a leer de nuevo el libro, y a leer cómo Cloe miraba a Olivia poner un frasco en un estante y decir que era hora de volver a casa con sus hijos. Eso es algo que nunca se ha visto desde que el mundo es mundo, exclamé. Y yo también miré, con mucha curiosidad. Porque quería ver cómo Mary Carmichael se ponía a trabajar para captar esos gestos no registrados, esas palabras no dichas o a medio decir, que se forman, no más palpablemente que las sombras de las polillas en el techo, cuando las mujeres están solas, sin la luz caprichosa y coloreada del otro sexo. Tendrá que aguantar la respiración, dije, leyendo, si quiere hacerlo; porque las mujeres son tan sospechosas de cualquier interés que no tenga algún motivo obvio detrás, están tan terriblemente acostumbradas a ocultar y suprimir, que se apagan con el parpadeo de un ojo observador que se vuelve en su dirección. La única manera de hacerlo, pensé, dirigiéndome a Mary Carmichael como si estuviera allí, sería hablar de otra cosa, mirando fijamente por la ventana, y así anotar, no con un lápiz en un cuaderno, sino en la más breve de las taquigrafías, en palabras que apenas tienen sílabas, lo que sucede cuando Olivia —este organismo que ha estado bajo la sombra de la roca estos millones de años— siente que la luz cae sobre ella, y ve venir hacia ella un trozo de un extraño alimento: conocimiento, aventura, arte. Y ella lo toma, pensé, levantando de nuevo los ojos de la página, y tiene que idear alguna combinación totalmente nueva de sus recursos, tan desarrollados para otros fines, para absorber lo nuevo en lo viejo sin perturbar el equilibrio infinitamente intrincado y elaborado del conjunto.

Pero, por desgracia, hice lo que me había propuesto no hacer; me deslicé irreflexivamente hacia el elogio de mi propio sexo. «Altamente desarrollado», «infinitamente intrincado», son términos de elogio indudablemente, y elogiar al propio sexo es siempre sospechoso, a menudo tonto; además, en este caso, ¿cómo se podría justificar? No se podría ir al mapa y decir que Colón descubrió América y que Colón

an apple and remark, Newton discovered the laws of gravitation and Newton was a woman; or look into the sky and say aeroplanes are flying overhead and aeroplanes were invented by women. There is no mark on the wall to measure the precise height of women. There are no yard measures, neatly divided into the fractions of an inch, that one can lay against the qualities of a good mother or the devotion of a daughter, or the fidelity of a sister, or the capacity of a housekeeper. Few women even now have been graded at the universities; the great trials of the professions, army and navy, trade, politics and diplomacy have hardly tested them. They remain even at this moment almost unclassified. But if I want to know all that a human being can tell me about Sir Hawley Butts, for instance, I have only to open Burke or Debrett and I shall find that he took such and such a degree; owns a hall; has an heir; was Secretary to a Board; represented Great Britain in Canada; and has received a certain number of degrees, offices, medals and other distinctions by which his merits are stamped upon him indelibly. Only Providence can know more about Sir Hawley Butts than that.

When, therefore, I say 'highly developed', 'infinitely intricate' of women, I am unable to verify my words either in Whitaker, Debrett or the University Calendar. In this predicament what can I do? And I looked at the bookcase again. There were the biographies: Johnson and Goethe and Carlyle and Sterne and Cowper and Shelley and Voltaire and Browning and many others. And I began thinking of all those great men who have for one reason or another admired, sought out, lived with, confided in, made love to, written of, trusted in, and shown what can only be described as some need of and dependence upon certain persons of the opposite sex. That all these relationships were absolutely Platonic I would not affirm, and Sir William Joynson Hicks would probably deny. But we should wrong these illustrious men very greatly if we insisted that they got nothing from these alliances but comfort, flattery and the pleasures of the body. What they got, it is obvious, was something that their own sex was unable to supply; and it would not be rash, perhaps, to define it further, without quoting the doubtless rhapsodical words of the poets, as some stimulus; some renewal of creative power which is in the gift only of the opposite sex to bestow. He would open the door of drawing-room

era una mujer; o coger una manzana y comentar que Newton descubrió las leyes de la gravedad y que Newton era una mujer; o mirar al cielo y decir que hay aviones volando y que los aviones fueron inventados por mujeres. No hay ninguna marca en la pared para medir la altura exacta de las mujeres. No hay medidas de yardas, divididas prolijamente en fracciones de pulgada, que una pueda oponer a las cualidades de una buena madre o a la devoción de una hija, o a la fidelidad de una hermana, o a la capacidad de un ama de casa. Pocas mujeres, incluso ahora, se han graduado en las universidades; las grandes evaluaciones de las profesiones, el ejército y la marina, el comercio, la política y la diplomacia apenas las han puesto a prueba. Permanecen incluso en este momento casi sin clasificar. Pero si quiero saber todo lo que un ser humano puede decirme sobre Sir Hawley Butts, por ejemplo, sólo tengo que abrir Burke o Debrett y encontraré que obtuvo tal o cual título; que posee un salón; que tiene un heredero; que fue Secretario de un Consejo; que representó a Gran Bretaña en Canadá; y que ha recibido un cierto número de títulos, cargos, medallas y otras distinciones por las que sus méritos quedan estampados de forma indeleble. Sólo la Providencia puede saber más de Sir Hawley Butts que eso.

Por lo tanto, cuando digo «altamente desarrollado», «infinitamente intrincado» de las mujeres, no puedo verificar mis palabras ni en Whitaker, ni en Debrett, ni en el Calendario Universitario. En este aprieto, ¿qué puedo hacer? Y volví a mirar la biblioteca. Allí estaban las biografías: Johnson y Goethe y Carlyle y Sterne y Cowper y Shelley y Voltaire y Browning y muchos otros. Y empecé a pensar en todos esos grandes hombres que por una u otra razón han admirado, buscado a, vivido con, confiado en, hecho el amor a, escrito a, confiado en y mostrado lo que sólo puede describirse como cierta necesidad y dependencia hacia ciertas personas del sexo opuesto. No afirmaría que todas estas relaciones fueran absolutamente platónicas, y Sir William Joynson Hicks probablemente lo negaría. Pero nos equivocaríamos mucho con estos ilustres hombres si insistiéramos en que no obtuvieron de estas alianzas nada más que comodidad, adulación y los placeres del cuerpo. Lo que obtuvieron, es obvio, fue algo que su propio sexo fue incapaz de suministrar; y no sería imprudente, tal vez, definirlo más, sin citar las palabras sin duda rapsódicas de los poetas, como un estímulo; alguna renovación del poder creativo que sólo el sexo opuesto puede otorgar. Pensaba que abriría la puerta

or nursery, I thought, and find her among her children perhaps, or with a piece of embroidery on her knee — at any rate, the centre of some different order and system of life, and the contrast between this world and his own, which might be the law courts or the House of Commons, would at once refresh and invigorate; and there would follow, even in the simplest talk, such a natural difference of opinion that the dried ideas in him would be fertilized anew; and the sight of her creating in a different medium from his own would so quicken his creative power that insensibly his sterile mind would begin to plot again, and he would find the phrase or the scene which was lacking when he put on his hat to visit her. Every Johnson has his Thrale, and holds fast to her for some such reasons as these, and when the Thrale marries her Italian music master Johnson goes half mad with rage and disgust, not merely that he will miss his pleasant evenings at Streatham, but that the light of his life will be 'as if gone out'.

And without being Dr Johnson or Goethe or Carlyle or Voltaire, one may feel, though very differently from these great men, the nature of this intricacy and the power of this highly developed creative faculty among women. One goes into the room — but the resources of the English language would be much put to the stretch, and whole flights of words would need to wing their way illegitimately into existence before a woman could say what happens when she goes into a room. The rooms differ so completely; they are calm or thunderous; open on to the sea, or, on the contrary, give on to a prison yard; are hung with washing; or alive with opals and silks; are hard as horsehair or soft as feathers — one has only to go into any room in any street for the whole of that extremely complex force of femininity to fly in one's face. How should it be otherwise? For women have sat indoors all these millions of years, so that by this time the very walls are permeated by their creative force, which has, indeed, so overcharged the capacity of bricks and mortar that it must needs harness itself to pens and brushes and business and politics. But this creative power differs greatly from the creative power of men. And one must conclude that it would be a thousand pities if it were hindered or wasted, for it was won by centuries of the most drastic discipline, and there is nothing to take its place. It would be a thousand pities if women wrote like men, or lived like men, or looked like men, for if two sexes are quite inadequate, considering the vastness and variety of the

del salón o del cuarto de los niños y la encontraría entre sus hijos, tal vez, o con un bordado sobre las rodillas; en cualquier caso, el centro de un orden y un sistema de vida diferentes, y el contraste entre este mundo y el suyo, que podría ser el de los tribunales o el de la Cámara de los Comunes, le refrescaría y vigorizaría a la vez; y se produciría, incluso en la charla más sencilla, una diferencia de opinión tan natural que las ideas secas en él se fertilizarían de nuevo; y la visión de ella creando en un medio diferente al suyo aceleraría tanto su poder creativo que insensiblemente su mente estéril comenzaría a tramar de nuevo, y encontraría la frase o la escena que le faltaba cuando se puso el sombrero para visitarla. Todo Johnson tiene su Thrale, y se aferra a ella por algunas de estas razones, y cuando la Thrale se casa con su maestro de música italiano, Johnson se vuelve medio loco de rabia y disgusto, no sólo porque se perderá sus agradables veladas en Streatham, sino porque será como si la luz de su vida «se hubiera apagado».

Y sin ser el Dr. Johnson o Goethe o Carlyle o Voltaire, una puede sentir, aunque de manera muy diferente a estos grandes hombres, la naturaleza de esta complejidad y el poder de esta facultad creativa altamente desarrollada entre las mujeres. Una entra en la habitación, pero los recursos de la lengua inglesa se verían obligados a mucho esfuerzo, y habría que crear palabras enteras de forma ilegítima para que una mujer pudiera decir lo que ocurre cuando entra en una habitación. Las habitaciones difieren tan completamente; son tranquilas o estruendosas; se abren al mar o, por el contrario, dan a un patio de la prisión; tienen ropa colgada o están vivas con ópalos y sedas; son duras como la crin de un caballo o suaves como las plumas... basta con entrar en cualquier habitación de cualquier calle para que toda esa fuerza extremadamente compleja de la feminidad vuele a la cara. ¿Cómo podría ser de otra manera? Porque las mujeres han estado sentadas en el interior durante todos estos millones de años, de modo que a estas alturas las propias paredes están impregnadas de su fuerza creativa, que, en efecto, ha sobrecargado tanto la capacidad de los ladrillos y la argamasa que tiene que dedicarse a las plumas y los pinceles y a los negocios y la política. Pero esta fuerza creadora difiere mucho de la fuerza creadora de los hombres. Y hay que concluir que sería una enorme pena que se viera entorpecida o desperdiciada, ya que fue ganada por siglos de la más drástica disciplina, y no hay nada que pueda ocupar su lugar. Sería una pena

world, how should we manage with one only? Ought not education to bring out and fortify the differences rather than the similarities? For we have too much likeness as it is, and if an explorer should come back and bring word of other sexes looking through the branches of other trees at other skies, nothing would be of greater service to humanity; and we should have the immense pleasure into the bargain of watching Professor X rush for his measuring-rods to prove himself 'superior'.

Mary Carmichael, I thought, still hovering at a little distance above the page, will have her work cut out for her merely as an observer. I am afraid indeed that she will be tempted to become, what I think the less interesting branch of the species — the naturalist-novelist, and not the contemplative. There are so many new facts for her to observe. She will not need to limit herself any longer to the respectable houses of the upper middle classes. She will go without kindness or condescension, but in the spirit of fellowship, into those small, scented rooms where sit the courtesan, the harlot and the lady with the pug dog. There they still sit in the rough and ready-made clothes that the male writer has had perforce to clap upon their shoulders. But Mary Carmichael will have out her scissors and fit them close to every hollow and angle. It will be a curious sight, when it comes, to see these women as they are, but we must wait a little, for Mary Carmichael will still be encumbered with that self-consciousness in the presence of 'sin' which is the legacy of our sexual barbarity. She will still wear the shoddy old fetters of class on her feet.

However, the majority of women are neither harlots nor courtesans; nor do they sit clasping pug dogs to dusty velvet all through the summer afternoon. But what do they do then? and there came to my mind's eye one of those long streets somewhere south of the river whose infinite rows are innumerably populated. With the eye of the imagination I saw a very ancient lady crossing the street on the arm of a middle-aged woman, her daughter, perhaps, both so respectably booted and furred that their dressing in the afternoon must be a ritual, and the clothes themselves put away in cupboards with camphor, year after year, throughout the summer months. They cross the road

que las mujeres escribieran como los hombres, o vivieran como los hombres, o tuvieran la misma apariencia que los hombres, porque si dos sexos son totalmente inadecuados, considerando la inmensidad y la variedad del mundo, ¿cómo deberíamos arreglárnoslas con uno solo? ¿No debería la educación resaltar y fortalecer las diferencias más que las similitudes? Porque ya tenemos demasiadas similitudes, y si un explorador volviera y trajera noticias de otros sexos que miran a través de las ramas de otros árboles a otros cielos, nada sería de mayor utilidad para la humanidad; y tendríamos el inmenso placer de ver al Profesor X correr hacia sus varas de medir para demostrar que es «superior».

Pensé que Mary Carmichael, que seguía flotando a una pequeña distancia por encima de la página, tendría que trabajar sólo como observadora. De hecho, me temo que se verá tentada a convertirse en la rama menos interesante de la especie: la naturalista-novelista, y no la contemplativa. Hay tantos hechos nuevos para ella que puede observar. Ya no tendrá que limitarse a las casas respetables de la alta burguesía. Irá sin amabilidad ni condescendencia, sino con espíritu de compañerismo, a esas pequeñas y perfumadas habitaciones donde se sientan la cortesana, la ramera y la dama con el perro faldero. Allí siguen sentadas con las ropas ásperas y confeccionadas que el escritor masculino ha tenido que poner por la fuerza sobre sus hombros. Pero Mary Carmichael sacará sus tijeras y las ajustará a cada hueco y ángulo. Será un espectáculo curioso, cuando llegue, ver a estas mujeres tal y como son, pero debemos esperar un poco, porque Mary Carmichael todavía estará cargada de esa autoconciencia en presencia del «pecado» que es el legado de nuestra barbarie sexual. Seguirá llevando los viejos grilletes de su clase en sus pies.

Sin embargo, la mayoría de las mujeres no son ni rameras ni cortesanas; tampoco se sientan abrazando perros falderos en el terciopelo polvoriento durante todas las tardes de verano. Pero, ¿qué hacen entonces? y vino a mi mente una de esas largas calles en algún lugar al sur del río, cuyas infinitas hileras están innumerablemente pobladas. Con el ojo de la imaginación vi a una señora muy anciana que cruzaba la calle del brazo de una mujer de mediana edad, su hija, tal vez, ambas tan respetablemente calzadas y llevando pieles que el vestirse por la tarde debe ser un ritual, y la ropa misma guardada en armarios con alcanfor, año tras año, durante los meses de verano.

when the lamps are being lit (for the dusk is their favourite hour), as they must have done year after year. The elder is close on eighty; but if one asked her what her life has meant to her, she would say that she remembered the streets lit for the battle of Balaclava, or had heard the guns fire in Hyde Park for the birth of King Edward the Seventh. And if one asked her, longing to pin down the moment with date and season, but what were you doing on the fifth of April 1868, or the second of November 1875, she would look vague and say that she could remember nothing. For all the dinners are cooked; the plates and cups washed; the children sent to school and gone out into the world. Nothing remains of it all. All has vanished. No biography or history has a word to say about it. And the novels, without meaning to, inevitably lie.

All these infinitely obscure lives remain to be recorded, I said, addressing Mary Carmichael as if she were present; and went on in thought through the streets of London feeling in imagination the pressure of dumbness, the accumulation of unrecorded life, whether from the women at the street corners with their arms akimbo, and the rings embedded in their fat swollen fingers, talking with a gesticulation like the swing of Shakespeare's words; or from the violet-sellers and match-sellers and old crones stationed under doorways; or from drifting girls whose faces, like waves in sun and cloud, signal the coming of men and women and the flickering lights of shop windows. All that you will have to explore, I said to Mary Carmichael, holding your torch firm in your hand. Above all, you must illumine your own soul with its profundities and its shallows, and its vanities and its generosities, and say what your beauty means to you or your plainness, and what is your relation to the everchanging and turning world of gloves and shoes and stuffs swaying up and down among the faint scents that come through chemists' bottles down arcades of dress material over a floor of pseudo-marble. For in imagination I had gone into a shop; it was laid with black and white paving; it was hung, astonishingly beautifully, with coloured ribbons. Mary Carmichael might well have a look at that in passing, I thought, for it is a sight that would lend itself to the pen as fittingly as any snowy peak or rocky gorge in the Andes. And there is the girl behind the counter too — I would as soon have her true history as the hundred and fiftieth life of Napoleon or seventieth study of Keats and his use

Cruzan la calle cuando se encienden las lámparas (pues el crepúsculo es su hora favorita), como deben hacer año tras año. La mayor está a punto de cumplir los ochenta años; pero si uno le preguntara qué ha significado para ella su vida, diría que recuerda las calles encendidas para la batalla de Balaclava, o que ha oído el fuego de los cañones en Hyde Park para el nacimiento del rey Eduardo VII. Y si una le preguntara, anhelando precisar el momento con fecha y estación, pero qué hacía usted el cinco de abril de 1868, o el dos de noviembre de 1875, pondría cara de vaguedad y diría que no recordaba nada. Porque todas las cenas se cocinan; los platos y las tazas se lavan; los niños se envían a la escuela y se van al mundo. No queda nada de todo ello. Todo ha desaparecido. Ninguna biografía o historia tiene una palabra que decir al respecto. Y las novelas, sin quererlo, mienten inevitablemente.

Todas estas vidas infinitamente oscuras quedan por registrar, dije, dirigiéndome a Mary Carmichael como si estuviera presente; y seguí pensando en las calles de Londres sintiendo en la imaginación la presión de la mudez, la acumulación de la vida no registrada, ya sea de las mujeres en las esquinas de las calles con los brazos en alto y los anillos incrustados en sus gordos e hinchados dedos, hablando con una gesticulación como el balanceo de las palabras de Shakespeare; o de las vendedoras de violetas y fósforos y las viejas arpías apostadas bajo los portales; o de las muchachas a la deriva cuyos rostros, como olas en el sol y las nubes, señalan la llegada de hombres y mujeres y las luces parpadeantes de los escaparates. Todo eso tendrás que explorarlo, le dije a Mary Carmichael, sosteniendo tu antorcha firmemente en la mano. Por encima de todo, tienes que iluminar tu propia alma con sus profundidades y sus frivolidades, y sus vanidades y sus generosidades, y decir lo que significa para ti tu belleza o tu sencillez, y cuál es tu relación con el mundo siempre cambiante y giratorio de guantes y zapatos y cosas que se balancean hacia arriba y hacia abajo entre los débiles olores que llegan a través de los frascos de las farmacias por las arcadas de algo para vestir sobre un suelo de mármol falso. Porque en mi imaginación había entrado en una tienda; estaba revestida con un pavimento blanco y negro; estaba decorada, de forma asombrosamente bella, con cintas de colores. Pensé que Mary Carmichael podría echarle un vistazo de pasada, pues es una vista que se prestaría a la pluma tan bien como cualquier pico nevado o desfiladero rocoso de los Andes. Y también

of Miltonic inversion which old Professor Z and his like are now inditing. And then I went on very warily, on the very tips of my toes (so cowardly am I, so afraid of the lash that was once almost laid on my own shoulders), to murmur that she should also learn to laugh, without bitterness, at the vanities — say rather at the peculiarities, for it is a less offensive word — of the other sex. For there is a spot the size of a shilling at the back of the head which one can never see for oneself. It is one of the good offices that sex can discharge for sex — to describe that spot the size of a shilling at the back of the head. Think how much women have profited by the comments of Juvenal; by the criticism of Strindberg. Think with what humanity and brilliancy men, from the earliest ages, have pointed out to women that dark place at the back of the head! And if Mary were very brave and very honest, she would go behind the other sex and tell us what she found there. A true picture of man as a whole can never be painted until a woman has described that spot the size of a shilling. Mr Woodhouse and Mr Casuabon are spots of that size and nature. Not of course that anyone in their senses would counsel her to hold up to scorn and ridicule of set purpose — literature shows the futility of what is written in that spirit. Be truthful, one would say, and the result is bound to be amazingly interesting. Comedy is bound to be enriched. New facts are bound to be discovered.

However, it was high time to lower my eyes to the page again. It would be better, instead of speculating what Mary Carmichael might write and should write, to see what in fact Mary Carmichael did write. So I began to read again. I remembered that I had certain grievances against her. She had broken up Jane Austen's sentence, and thus given me no chance of pluming myself upon my impeccable taste, my fastidious ear. For it was useless to say, 'Yes, yes, this is very nice; but Jane Austen wrote much better than you do', when I had to admit that there was no point of likeness between them. Then she had gone further and broken the sequence — the expected order. Perhaps she had done this unconsciously, merely giving things their natural order, as a woman would, if she wrote like a woman. But the effect was

está la muchacha que está detrás del mostrador; me gustaría más saber su historia que la centésima quincuagésima vida de Napoleón o el septuagésimo estudio sobre Keats y su uso de la inversión miltoniana que el viejo profesor Z y sus semejantes están escribiendo ahora. Y luego seguí con mucha cautela, en la punta de los dedos de los pies (tan cobarde soy, tan temerosa del latigazo que una vez estuvo a punto de caer sobre mis propios hombros), para murmurar que ella también debería aprender a reírse, sin amargura, de las vanidades —digamos más bien de las peculiaridades, porque es una palabra menos ofensiva— del otro sexo. Porque hay una zona del tamaño de un chelín en la nuca que uno nunca puede ver por sí mismo. Es uno de los buenos oficios que un sexo puede desempeñar para el otro sexo: describir esa zona del tamaño de un chelín en la nuca. Piensen en lo mucho que las mujeres se han beneficiado de los comentarios de Juvenal; de la crítica de Strindberg. Piensen con qué humanidad y brillantez los hombres, desde las primeras épocas, han señalado a las mujeres ese lugar oscuro en la parte posterior de la cabeza. Y si Mary fuera muy valiente y muy honesta, iría detrás del otro sexo y nos contaría lo que encontró allí. Nunca se podrá pintar un verdadero cuadro del hombre en su conjunto hasta que una mujer haya descrito esa zona del tamaño de un chelín. El señor Woodhouse y el señor Casuabon son puntos de ese tamaño y naturaleza. No es, por supuesto, que nadie en su sano juicio le aconseje describir el desprecio y el ridículo de un propósito establecido; la literatura muestra la inutilidad de lo que se escribe con ese espíritu. Sé veraz, se diría, y el resultado está destinado a ser asombrosamente interesante. La comedia se enriquece. Se descubrirán nuevos hechos.

Sin embargo, ya era hora de volver a bajar los ojos a la página. Sería mejor, en lugar de especular sobre lo que Mary Carmichael podría y debería escribir, ver lo que de hecho escribió. Así que empecé a leer de nuevo. Recordé que tenía ciertos reclamos contra ella. Había interrumpido la frase de Jane Austen y, por lo tanto, no me había dado la oportunidad de presumir de mi impecable gusto, de mi oído crítico. Porque era inútil decir: «Sí, sí, esto es muy bonito; pero Jane Austen escribía mucho mejor que tú», cuando tenía que admitir que no había ningún punto de semejanza entre ellas. Luego, ella había ido más allá y había roto la secuencia, el orden esperado. Tal vez lo había hecho inconscientemente, simplemente dando a las cosas su orden natural, como haría una mujer, si escribiera como una mujer.

somehow baffling; one could not see a wave heaping itself, a crisis coming round the next corner. Therefore I could not plume myself either upon the depths of my feelings and my profound knowledge of the human heart. For whenever I was about to feel the usual things in the usual places, about love, about death, the annoying creature twitched me away, as if the important point were just a little further on. And thus she made it impossible for me to roll out my sonorous phrases about 'elemental feelings', the 'common stuff of humanity', 'the depths of the human heart', and all those other phrases which support us in our belief that, however clever we may be on top, we are very serious, very profound and very humane underneath. She made me feel, on the contrary, that instead of being serious and profound and humane, one might be — and the thought was far less seductive — merely lazy minded and conventional into the bargain.

But I read on, and noted certain other facts. She was no 'genius' that was evident. She had nothing like the love of Nature, the fiery imagination, the wild poetry, the brilliant wit, the brooding wisdom of her great predecessors, Lady Winchilsea, Charlotte Brontë, Emily Brontë, Jane Austen and George Eliot; she could not write with the melody and the dignity of Dorothy Osborne — indeed she was no more than a clever girl whose books will no doubt be pulped by the publishers in ten years' time. But, nevertheless, she had certain advantages which women of far greater gift lacked even half a century ago. Men were no longer to her 'the opposing faction'; she need not waste her time railing against them; she need not climb on to the roof and ruin her peace of mind longing for travel, experience and a knowledge of the world and character that were denied her. Fear and hatred were almost gone, or traces of them showed only in a slight exaggeration of the joy of freedom, a tendency to the caustic and satirical, rather than to the romantic, in her treatment of the other sex. Then there could be no doubt that as a novelist she enjoyed some natural advantages of a high order. She had a sensibility that was very wide, eager and free. It responded to an almost imperceptible touch on it. It feasted like a plant newly stood in the air on every sight and sound that came its way. It ranged, too, very subtly and curiously, among almost unknown or unrecorded things; it lighted on small things and showed that perhaps they were not small after all. It brought buried things to light and made one wonder what need there

Pero el efecto era de alguna manera desconcertante; una no podía ver crecer la ola, acercarse la crisis a la esquina siguiente. Por lo tanto, tampoco podía confiar en la profundidad de mis sentimientos y en mi profundo conocimiento del corazón humano. Porque cada vez que estaba a punto de sentir las cosas habituales en los lugares habituales, sobre el amor, sobre la muerte, la molesta criatura me tironeaba, como si el punto importante estuviera un poco más adelante. Y así me imposibilitó desplegar mis frases sonoras sobre los «sentimientos elementales», el «lienzo de la humanidad», «las profundidades del corazón humano», y todas esas otras frases que nos apoyan en nuestra creencia de que, por muy inteligentes que seamos por encima, somos muy serios, muy profundos y muy humanos por debajo. Ella me hizo sentir, por el contrario, que en lugar de ser seria, profunda y humana, una podría tener —y el pensamiento era mucho menos seductor— simplemente una mente perezosa y convencional.

Pero seguí leyendo y observé otros hechos. No era un «genio», eso era evidente. No tenía nada que ver con el amor a la naturaleza, la imaginación ardiente, la poesía salvaje, el ingenio brillante, la sabiduría melancólica de sus grandes predecesoras, Lady Winchilsea, Charlotte Brontë, Emily Brontë, Jane Austen y George Eliot; no podía escribir con la melodía y la dignidad de Dorothy Osborne; de hecho, no era más que una chica inteligente cuyos libros serán sin duda triturados por los editores dentro de diez años. Pero, sin embargo, tenía ciertas ventajas de las que carecían mujeres de mucho mayor talento incluso hace medio siglo. Los hombres ya no eran para ella «la facción contraria»; no tenía que perder el tiempo despotricando contra ellos; no tenía que subirse al tejado y arruinar su tranquilidad anhelando viajes, experiencia y un conocimiento del mundo y del carácter que le eran negados. El miedo y el odio casi habían desaparecido, o los rastros de ellos sólo se mostraban en una ligera exageración de la alegría de la libertad, una tendencia a lo cáustico y satírico, más que a lo romántico, en su trato con el otro sexo. No cabe duda de que, como novelista, gozaba de algunas ventajas naturales de primer orden. Tenía una sensibilidad muy amplia, ávida y libre. Respondía a un toque casi imperceptible en ella. Se deleitaba, como una planta recién alzada al aire, con cada visión y sonido que le llegaba. También se movía, de forma muy sutil y curiosa, entre cosas casi desconocidas o no registradas; iluminaba las cosas pequeñas y mostraba que quizás no eran pequeñas después de todo. Sacaba a la luz

had been to bury them. Awkward though she was and without the unconscious bearing of long descent which makes the least turn of the pen of a Thackeray or a Lamb delightful to the ear, she had — I began to think — mastered the first great lesson; she wrote as a woman, but as a woman who has forgotten that she is a woman, so that her pages were full of that curious sexual quality which comes only when sex is unconscious of itself.

All this was to the good. But no abundance of sensation or fineness of perception would avail unless she could build up out of the fleeting and the personal the lasting edifice which remains unthrown. I had said that I would wait until she faced herself with 'a situation'. And I meant by that until she proved by summoning, beckoning and getting together that she was not a skimmer of surfaces merely, but had looked beneath into the depths. Now is the time, she would say to herself at a certain moment, when without doing anything violent I can show the meaning of all this. And she would begin — how unmistakable that quickening is! — beckoning and summoning, and there would rise up in memory, half forgotten, perhaps quite trivial things in other chapters dropped by the way. And she would make their presence felt while someone sewed or smoked a pipe as naturally as possible, and one would feel, as she went on writing, as if one had gone to the top of the world and seen it laid out, very majestically, beneath.

At any rate, she was making the attempt. And as I watched her lengthening out for the test, I saw, but hoped that she did not see, the bishops and the deans, the doctors and the professors, the patriarchs and the pedagogues all at her shouting warning and advice. You can't do this and you shan't do that! Fellows and scholars only allowed on the grass! Ladies not admitted without a letter of introduction! Aspiring and graceful female novelists this way! So they kept at her like the crowd at a fence on the racecourse, and it was her trial to take her fence without looking to right or to left. If you stop to curse you are lost, I said to her; equally, if you stop to laugh. Hesitate or fumble and you are done for. Think only of the jump, I implored her, as if I had put the whole of my money on her back; and she went over it like a bird. But there was a fence beyond that and a fence beyond that. Whether she had the staying power I was doubtful, for the clapping and the

cosas enterradas y hacía que una se preguntara qué necesidad hubo de enterrarlas. Por muy torpe que fuera y sin el porte inconsciente de la larga ascendencia que hace que el menor giro de la pluma de un Thackeray o un Lamb sea delicioso para el oído, había —así empezaba yo a pensar— aprendido la primera gran lección; escribía como una mujer, pero como una mujer que ha olvidado que es una mujer, de modo que sus páginas estaban llenas de esa curiosa cualidad sexual que sólo se da cuando el sexo es inconsciente de sí mismo.

Todo esto estaba bien. Pero la abundancia de sensaciones y la delicadeza de la percepción no servirían de nada si ella no podía construir, a partir de lo fugaz y lo personal, el edificio duradero que queda de pie. Yo había dicho que esperaría hasta que ella se enfrentara a «una situación». Y me refería a eso hasta que ella demostrara —convocando, llamando y reuniendo— que no se limitaba a rozar la superficie, sino que había mirado en las profundidades. Ahora es el momento, se decía a sí misma en cierto punto, en el que sin hacer nada violento puedo mostrar el significado de todo esto. Y comenzaba —¡qué inconfundible es esa aceleración!— a llamar y convocar, y surgían en la memoria, medio olvidadas, cosas tal vez bastante triviales de otros capítulos dejados caer por el camino. Y ella hacía sentir su presencia mientras alguien cosía o fumaba su pipa con la mayor naturalidad posible, y una sentía, mientras ella seguía escribiendo, como si hubiera subido a la cima del mundo y estuviera viéndolo, muy majestuosamente, debajo suyo.

En cualquier caso, estaba haciendo el intento. Y mientras la veía demorarse antes de la prueba, veía, pero esperaba que ella no viera, a los obispos y a los decanos, a los médicos y a los profesores, a los patriarcas y a los pedagogos, todos junto a ella gritando advertencias y consejos. No puedes hacer esto y no debes hacer aquello. Sólo los fellows y los scholars pueden estar en el césped. Las damas no son admitidas sin una carta de presentación. ¡Agraciadas aspirantes a novelistas, por aquí! Así que se mantuvieron sobre ella como la multitud en una valla en el hipódromo, y fue su prueba saltar su valla sin mirar a la derecha o a la izquierda. Si te paras a maldecir estás perdida, le dije; igualmente, si te paras a reír. Si vacilas o te equivocas, estás perdida. Piensa sólo en el salto, le imploré, como si hubiera puesto todo mi dinero sobre su espalda; y ella lo superó como una gacela. Pero había una valla más allá y otra más allá. Dudaba de que

crying were fraying to the nerves. But she did her best. Considering that Mary Carmichael was no genius, but an unknown girl writing her first novel in a bed-sitting-room, without enough of those desirable things, time, money and idleness, she did not do so badly, I thought.

Give her another hundred years, I concluded, reading the last chapter — people's noses and bare shoulders showed naked against a starry sky, for someone had twitched the curtain in the drawing-room — give her a room of her own and five hundred a year, let her speak her mind and leave out half that she now puts in, and she will write a better book one of these days. She will be a poet, I said, putting *Life's Adventure*, by Mary Carmichael, at the end of the shelf, in another hundred years' time.

tuviera capacidad de aguante, pues los aplausos y los llantos le crispaban los nervios. Pero hizo lo que pudo. Teniendo en cuenta que Mary Carmichael no era un genio, sino una chica desconocida que escribía su primera novela en una habitación de estar con una cama, sin tener suficientes cosas deseables, tiempo, dinero y ociosidad, no lo ha hecho tan mal, pensé.

Denle otros cien años, concluí, leyendo el último capítulo —las narices de la gente y los hombros desnudos se veían contra un cielo estrellado, porque alguien había descorrido la cortina del salón—, denle una habitación propia y quinientas libras al año, déjenla decir lo que piensa y dejar de lado la mitad de lo que ahora pone, y escribirá un libro mejor uno de estos días. Será poeta, dije, poniendo al final del estante *La aventura de la vida*, de Mary Carmichael, en unos cien años.

Next day the light of the October morning was falling in dusty shafts through the uncurtained windows, and the hum of traffic rose from the street. London then was winding itself up again; the factory was astir; the machines were beginning. It was tempting, after all this reading, to look out of the window and see what London was doing on the morning of the 26th of October 1928. And what was London doing? Nobody, it seemed, was reading *Antony and Cleopatra*. London was wholly indifferent, it appeared, to Shakespeare's plays. Nobody cared a straw — and I do not blame them — for the future of fiction, the death of poetry or the development by the average woman of a prose style completely expressive of her mind. If opinions upon any of these matters had been chalked on the pavement, nobody would have stooped to read them. The nonchalance of the hurrying feet would have rubbed them out in half an hour. Here came an errand-boy; here a woman with a dog on a lead. The fascination of the London street is that no two people are ever alike; each seems bound on some private affair of his own. There were the business-like, with their little bags; there were the drifters rattling sticks upon area railings; there were affable characters to whom the streets serve for clubroom, hailing men in carts and giving information without being asked for it. Also there were funerals to which men, thus suddenly reminded of the passing of their own bodies, lifted their hats. And then a very distinguished gentleman came slowly down a doorstep and paused to avoid collision with a bustling lady who had, by some means or other, acquired a splendid fur coat and a bunch of Parma violets. They all seemed separate, self-absorbed, on business of their own.

At this moment, as so often happens in London, there was a complete lull and suspension of traffic. Nothing came down the street; nobody passed. A single leaf detached itself from the plane tree at the end of the street, and in that pause and suspension fell. Somehow it was like a signal falling, a signal pointing to a force in things which one had overlooked. It seemed to point to a river, which flowed past, invisibly, round the corner, down the street, and took people and eddied them along, as the stream at Oxbridge had taken the undergrad-

SEIS

Al día siguiente, la luz de la mañana de octubre caía en rayos polvo-
rientos a través de las ventanas sin cortinas, y el zumbido del tráfico
se elevaba desde la calle. Londres se daba cuerda; la fábrica estaba
en marcha; las máquinas se ponían en funcionamiento. Era tentador,
después de toda esta lectura, mirar por la ventana y ver qué hacía
Londres en la mañana del 26 de octubre de 1928. ¿Y qué hacía Londres? Nadie, al parecer, estaba leyendo *Antonio y Cleopatra*. Londres
era totalmente indiferente, al parecer, a las obras de Shakespeare. A
nadie le importaba un bledo —y no les culpo— el futuro de la ficción,
la muerte de la poesía o el desarrollo por parte de la mujer media
de un estilo de prosa completamente expresivo de su mente. Si las
opiniones sobre cualquiera de estos asuntos hubieran estado escritas con tiza en el pavimento, nadie se habría inclinado a leerlas. La
despreocupación de los pies apresurados las habría borrado en media hora. Aquí venía un chico de los recados; aquí una mujer con un
perro con correa. La fascinación de la calle londinense es que nunca
hay dos personas iguales; cada una parece estar ocupada en algún
asunto privado. Estaban los hombres de negocios, con sus pequeños
portafolios; estaban los vagabundos que hacían sonar palos en las
barandillas; había personajes afables a los que las calles sirven de
sala de reuniones, que saludaban a los hombres en los carros y daban información sin que se la pidieran. También había funerales a
los que los hombres, recordando así repentinamente el paso de sus
propios cuerpos, levantaban sus sombreros. Y entonces un caballero muy distinguido bajaba lentamente por un umbral y se detenía
para no chocar con una bulliciosa dama que, por un medio u otro,
había adquirido un espléndido abrigo de piel y un ramo de violetas
de Parma. Todos parecían separados, ensimismados, en sus propios
asuntos.

En ese momento, como ocurre tan a menudo en Londres, se produjo una completa calma y suspensión del tráfico. Nadie bajaba por
la calle; nadie pasaba. Una sola hoja se desprendió del plátano al final de la calle, y en esa pausa y suspensión cayó. De alguna manera
era como una señal que caía, una señal que apuntaba a una fuerza
en las cosas que una había pasado por alto. Parecía apuntar a un río
que pasaba, invisiblemente, a la vuelta de la esquina, por la calle, y
tomaba a la gente y la arrastraba, como el arroyo de Oxbridge había

uate in his boat and the dead leaves. Now it was bringing from one side of the street to the other diagonally a girl in patent leather boots, and then a young man in a maroon overcoat; it was also bringing a taxi-cab; and it brought all three together at a point directly beneath my window; where the taxi stopped; and the girl and the young man stopped; and they got into the taxi; and then the cab glided off as if it were swept on by the current elsewhere.

The sight was ordinary enough; what was strange was the rhythmical order with which my imagination had invested it; and the fact that the ordinary sight of two people getting into a cab had the power to communicate something of their own seeming satisfaction. The sight of two people coming down the street and meeting at the corner seems to ease the mind of some strain, I thought, watching the taxi turn and make off. Perhaps to think, as I had been thinking these two days, of one sex as distinct from the other is an effort. It interferes with the unity of the mind. Now that effort had ceased and that unity had been restored by seeing two people come together and get into a taxicab. The mind is certainly a very mysterious organ, I reflected, drawing my head in from the window, about which nothing whatever is known, though we depend upon it so completely. Why do I feel that there are severances and oppositions in the mind, as there are strains from obvious causes on the body? What does one mean by 'the unity of the mind'? I pondered, for clearly the mind has so great a power of concentrating at any point at any moment that it seems to have no single state of being. It can separate itself from the people in the street, for example, and think of itself as apart from them, at an upper window looking down on them. Or it can think with other people spontaneously, as, for instance, in a crowd waiting to hear some piece of news read out. It can think back through its fathers or through its mothers, as I have said that a woman writing thinks back through her mothers. Again if one is a woman one is often surprised by a sudden splitting off of consciousness, say in walking down Whitehall, when from being the natural inheritor of that civilization, she becomes, on the contrary, outside of it, alien and critical. Clearly the mind is always altering its focus, and bringing the world into different perspectives. But some of these states of mind seem, even if adopted spontaneously, to be less comfortable than others. In order to keep oneself continuing in them one is unconsciously holding something back, and gradually the repression becomes an effort. But

tomado al estudiante en su bote y las hojas muertas. Ahora traía de un lado a otro de la calle, en diagonal, a una muchacha con botas de charol, y luego a un joven con un abrigo granate; también traía un taxi; y reunía a los tres en un punto directamente debajo de mi ventana; donde el taxi se detenía; y la muchacha y el joven se detenían; y subían al taxi; y luego el taxi se deslizaba, como si fuera arrastrado por la corriente a otro lugar.

El espectáculo era lo bastante ordinario; lo extraño era el orden rítmico con el que mi imaginación lo había investido; y el hecho de que el espectáculo ordinario de dos personas subiendo a un taxi tuviera el poder de comunicar algo de su propia satisfacción aparente. El espectáculo de dos personas bajando por la calle y encontrándose en la esquina parece aliviar la mente de cierta tensión, pensé, al ver cómo el taxi giraba y se alejaba. Tal vez pensar, como he estado pensando estos dos días, en un sexo como distinto del otro sea un esfuerzo. Interfiere con la unidad de la mente. Ahora ese esfuerzo había cesado y esa unidad se había restablecido al ver a dos personas reunirse y subir a un taxi. La mente es ciertamente un órgano muy misterioso —reflexioné, volviendo a meter la cabeza adentro—, del que no se sabe nada, aunque dependamos de él por completo. ¿Por qué siento que hay separaciones y oposiciones en la mente como hay tensiones por causas obvias en el cuerpo? ¿Qué se entiende por «la unidad de la mente»? Reflexioné, pues es evidente que la mente tiene un poder tan grande de concentrarse en cualquier punto y en cualquier momento que parece no tener un solo estado de ser. Puede separarse de la gente en la calle, por ejemplo, y pensar en sí misma como algo aparte de ellos, en una ventana superior mirando hacia abajo. O puede pensar con otras personas de forma espontánea, como, por ejemplo, en una multitud que espera escuchar la lectura de una noticia. Puede pensar a través de sus padres o de sus madres, como he dicho que una mujer que escribe piensa a través de sus madres. De nuevo, si una es mujer, a menudo se sorprende por una súbita escisión de la conciencia, por ejemplo, al caminar por Whitehall, cuando de ser la heredera natural de esa civilización, se convierte, por el contrario, en ajena a ella, extraña y crítica. Está claro que la mente siempre está alterando su enfoque, y llevando el mundo a diferentes perspectivas. Pero algunos de estos estados mentales parecen, aunque se adopten espontáneamente, menos cómodos que otros. Para mantenerse en ellos una está reteniendo inconscientemente algo, y gradualmente la

there may be some state of mind in which one could continue without effort because nothing is required to be held back. And this perhaps, I thought, coming in from the window, is one of them. For certainly when I saw the couple get into the taxicab the mind felt as if, after being divided, it had come together again in a natural fusion. The obvious reason would be that it is natural for the sexes to co-operate. One has a profound, if irrational, instinct in favour of the theory that the union of man and woman makes for the greatest satisfaction, the most complete happiness. But the sight of the two people getting into the taxi and the satisfaction it gave me made me also ask whether there are two sexes in the mind corresponding to the two sexes in the body, and whether they also require to be united in order to get complete satisfaction and happiness? And I went on amateurishly to sketch a plan of the soul so that in each of us two powers preside, one male, one female; and in the man's brain the man predominates over the woman, and in the woman's brain the woman predominates over the man. The normal and comfortable state of being is that when the two live in harmony together, spiritually co-operating. If one is a man, still the woman part of his brain must have effect; and a woman also must have intercourse with the man in her. Coleridge perhaps meant this when he said that a great mind is androgynous. It is when this fusion takes place that the mind is fully fertilized and uses all its faculties. Perhaps a mind that is purely masculine cannot create, any more than a mind that is purely feminine, I thought. But it would be well to test what one meant by man-womanly, and conversely by woman-manly, by pausing and looking at a book or two.

Coleridge certainly did not mean, when he said that a great mind is androgynous, that it is a mind that has any special sympathy with women; a mind that takes up their cause or devotes itself to their interpretation. Perhaps the androgynous mind is less apt to make these distinctions than the single-sexed mind. He meant, perhaps, that the androgynous mind is resonant and porous; that it transmits emotion without impediment; that it is naturally creative, incandescent and undivided. In fact one goes back to Shakespeare's mind as the type of the androgynous, of the man-womanly mind, though it would be impossible to say what Shakespeare thought of women. And if it be true that it is one of the tokens of the fully developed mind

represión se convierte en un esfuerzo. Pero puede haber algún estado mental en el que una pueda continuar sin esfuerzo porque no se requiere retener nada. Y éste, tal vez, pensé al volver de la ventana, es uno de ellos. Porque ciertamente, cuando vi a la pareja subir al taxi, la mente se sintió como si, después de estar dividida, se hubiera unido de nuevo en una fusión natural. La razón obvia sería, naturalmente, que los sexos cooperen. Una tiene un profundo, aunque irracional, instinto a favor de la teoría de que la unión del hombre y la mujer produce la mayor satisfacción, la más completa felicidad. Pero la visión de las dos personas entrando en el taxi y la satisfacción que me produjo me hizo preguntar también si hay dos sexos en la mente que se corresponden con los dos sexos en el cuerpo, y si también necesitan estar unidos para conseguir una satisfacción y una felicidad completas. Y pasé a esbozar, de manera amateur, un plan del alma de modo que en cada uno de nosotros presiden dos poderes, uno masculino y otro femenino; y en el cerebro del hombre predomina el hombre sobre la mujer, y en el cerebro de la mujer predomina la mujer sobre el hombre. El estado normal y confortable del ser es aquel en el que los dos viven en armonía, cooperando espiritualmente. Si uno es un hombre, todavía la parte femenina de su cerebro debe tener efecto; y una mujer también debe tener relaciones con el hombre en ella. Tal vez Coleridge se refería a esto cuando dijo que una gran mente es andrógina. Es cuando se produce esta fusión que la mente está plenamente fecundada y utiliza todas sus facultades. Tal vez una mente puramente masculina no pueda crear, al igual que una mente puramente femenina, pensé. Pero sería bueno comprobar lo que se entiende por hombre-mujer, y a la inversa, por mujer-hombre, mirando un libro o dos.

Cuando Coleridge dijo que una gran mente es andrógina, ciertamente no quiso decir que fuera una mente que tuviera alguna simpatía especial por las mujeres, una mente que asumiera su causa o se dedicara a su interpretación. Quizás la mente andrógina es menos apta para hacer estas distinciones que la mente de un solo sexo. Tal vez quiso decir que la mente andrógina es resonante y porosa; que transmite la emoción sin impedimentos; que es naturalmente creativa, incandescente e indivisa. De hecho, una se remonta a la mente de Shakespeare como el tipo de lo andrógino, de la mente hombre-mujer, aunque sería imposible decir lo que Shakespeare pensaba de las mujeres. Y si es cierto que una de las señales de la mente plenamente

that it does not think specially or separately of sex, how much harder it is to attain that condition now than ever before. Here I came to the books by living writers, and there paused and wondered if this fact were not at the root of something that had long puzzled me. No age can ever have been as stridently sex-conscious as our own; those innumerable books by men about women in the British Museum are a proof of it. The Suffrage campaign was no doubt to blame. It must have roused in men an extraordinary desire for self-assertion; it must have made them lay an emphasis upon their own sex and its characteristics which they would not have troubled to think about had they not been challenged. And when one is challenged, even by a few women in black bonnets, one retaliates, if one has never been challenged before, rather excessively. That perhaps accounts for some of the characteristics that I remember to have found here, I thought, taking down a new novel by Mr A, who is in the prime of life and very well thought of, apparently, by the reviewers. I opened it. Indeed, it was delightful to read a man's writing again. It was so direct, so straightforward after the writing of women. It indicated such freedom of mind, such liberty of person, such confidence in himself. One had a sense of physical well-being in the presence of this well-nourished, well-educated, free mind, which had never been thwarted or opposed, but had had full liberty from birth to stretch itself in whatever way it liked. All this was admirable. But after reading a chapter or two a shadow seemed to lie across the page. It was a straight dark bar, a shadow shaped something like the letter 'I'. One began dodging this way and that to catch a glimpse of the landscape behind it. Whether that was indeed a tree or a woman walking I was not quite sure. Back one was always hailed to the letter 'I'. One began to be tired of 'I'. Not but what this 'I' was a most respectable 'I'; honest and logical; as hard as a nut, and polished for centuries by good teaching and good feeding. I respect and admire that 'I' from the bottom of my heart. But — here I turned a page or two, looking for something or other — the worst of it is that in the shadow of the letter 'I' all is shapeless as mist. Is that a tree? No, it is a woman. But...she has not a bone in her body, I thought, watching Phoebe, for that was her name, coming across the beach. Then Alan got up and the shadow of Alan at once obliterated Phoebe. For Alan had views and Phoebe was quenched in the flood of his views. And then Alan, I thought, has passions; and here I turned page after page very fast, feeling that the crisis was approaching, and so it was. It took place on the beach

desarrollada es que no piensa especialmente o por separado en el sexo, cuánto más difícil es alcanzar esa condición ahora que antes. Aquí llegué a los libros de escritores vivos, y allí me detuve y me pregunté si este hecho no estaba en la raíz de algo que me había desconcertado durante mucho tiempo. Ninguna época puede haber sido tan estridentemente consciente del sexo como la nuestra; esos innumerables libros de hombres sobre mujeres en el Museo Británico son una prueba de ello. La campaña del Sufragio tuvo sin duda la culpa. Debe haber despertado en los hombres un extraordinario deseo de autoafirmación; debe haberles hecho poner un énfasis en su propio sexo y sus características que no se habrían preocupado de pensar si no hubieran sido desafiados. Y cuando alguien es desafiado, aunque sea por unas pocas mujeres con bonetes negros, toma represalias, si nunca ha sido desafiado antes, de manera excesiva. Tal vez eso explique algunas de las características que recuerdo haber encontrado aquí, pensé, al tomar una nueva novela del señor A, que está en la flor de la vida y muy bien considerado, al parecer, por los críticos. La abrí. En efecto, era delicioso volver a leer la escritura de un hombre. Era tan directa, tan sencilla, después de la escritura de las mujeres. Indicaba tal libertad de mente, tal libertad de persona, tal confianza en sí mismo. Una tenía una sensación de bienestar físico en presencia de esta mente libre, bien alimentada y educada, que nunca había sido frustrada ni había encontrado oposición, sino que había tenido plena libertad desde su nacimiento para extenderse de la manera que quisiera. Todo esto era admirable. Pero después de leer uno o dos capítulos, una sombra parecía cruzar la página. Era una barra recta y oscura, una sombra con la forma de la letra «I» [yo]. Una empezaba a esquivarla de un lado a otro para vislumbrar el paisaje que había detrás. No estaba muy segura de si se trataba de un árbol o de una mujer caminando. Una siempre regresaba a la letra «I». Una empezaba a cansarse de la «I». No obstante, esta «I» era una «I» muy respetable; honesta y lógica; dura como una nuez, y pulida durante siglos por la buena enseñanza y la buena alimentación. Yo respeto y admiro a esa letra «I» desde el fondo de mi corazón. Pero —aquí pasé una o dos páginas, buscando una u otra cosa— lo peor es que a la sombra de la letra «I» todo carece de forma, como la niebla. ¿Es eso un árbol? No, es una mujer. Pero... no tiene ni un hueso en el cuerpo, pensé, mirando a Phoebe, pues así se llamaba, que venía por la playa. Entonces Alan se levantó y la sombra de Alan borró de inmediato a Phoebe. Porque Alan tenía puntos de vista y Phoebe se apagaba en el

under the sun. It was done very openly. It was done very vigorously. Nothing could have been more indecent. But...I had said 'but' too often. One cannot go on saying 'but'. One must finish the sentence somehow, I rebuked myself. Shall I finish it, 'But — I am bored!' But why was I bored? Partly because of the dominance of the letter 'I' and the aridity, which, like the giant beech tree, it casts within its shade. Nothing will grow there. And partly for some more obscure reason. There seemed to be some obstacle, some impediment in Mr A's mind which blocked the fountain of creative energy and shored it within narrow limits. And remembering the lunch party at Oxbridge, and the cigarette ash and the Manx cat and Tennyson and Christina Rossetti all in a bunch, it seemed possible that the impediment lay there. As he no longer hums under his breath, 'There has fallen a splendid tear from the passion-flower at the gate', when Phoebe crosses the beach, and she no longer replies, 'My heart is like a singing bird whose nest is in a water'd shoot', when Alan approaches what can he do? Being honest as the day and logical as the sun, there is only one thing he can do. And that he does, to do him justice, over and over (I said turning the pages) and over again. And that, I added, aware of the awful nature of the confession, seems somehow dull. Shakespeare's indecency uproots a thousand other things in one's mind, and is far from being dull. But Shakespeare does it for pleasure; Mr A, as the nurses say, does it on purpose. He does it in protest. He is protesting against the equality of the other sex by asserting his own superiority. He is therefore impeded and inhibited and self-conscious as Shakespeare might have been if he too had known Miss Clough and Miss Davies. Doubtless Elizabethan literature would have been very different from what it is if the women's movement had begun in the sixteenth century and not in the nineteenth.

What, then, it amounts to, if this theory of the two sides of the mind holds good, is that virility has now become self-conscious — men, that is to say, are now writing only with the male side of their brains. It is a mistake for a woman to read them, for she will inevitably look for something that she will not find. It is the power of suggestion that one most misses, I thought, taking Mr B the critic in my hand and reading, very carefully and very dutifully, his remarks upon the art of

torrente de sus puntos de vista. Y entonces Alan, pensé, tiene pasiones; y aquí pasé página tras página muy rápidamente, sintiendo que la crisis se acercaba, y así fue. Tuvo lugar en la playa, bajo el sol. Se hizo muy abiertamente. Ocurrió con mucho vigor. Nada podría haber sido más indecente. Pero... he dicho «pero» demasiado a menudo. Una no puede seguir diciendo «pero». Hay que terminar la frase de alguna manera, me reprendí. Debo terminarla, «Pero... ¡estoy aburrida!». Pero, ¿por qué me aburría? En parte por el dominio de la letra «I» y la aridez que, como el haya gigante, proyecta en su sombra. Allí no crece nada. Y en parte por alguna razón más oscura. Parecía haber algún obstáculo, algún impedimento en la mente del señor A que bloqueaba la fuente de energía creativa y la apuntalaba dentro de estrechos límites. Y recordando la comida en Oxbridge, y la ceniza de cigarrillo y el gato de Manx y Tennyson y Christina Rossetti todos en un manojo, parecía posible que el impedimento estuviera allí. Como él ya no tararea en voz baja: «Ha caído una espléndida lágrima de la flor de la pasión en la puerta», cuando Phoebe cruza la playa, y ella ya no responde: «Mi corazón es como un pájaro que canta cuyo nido está en un brote de agua», cuando Alan se acerca ¿qué puede hacer? Siendo honesto como el día y lógico como el sol, sólo puede hacer una cosa. Y eso lo hace, para hacerle justicia, una y otra vez (dije, pasando las páginas) y otra vez. Y eso, añadí, consciente de lo horrible de la confesión, parece en cierto modo aburrido. La indecencia de Shakespeare desarraiga mil otras cosas en la mente de una, y está lejos de ser aburrida. Pero Shakespeare lo hace por placer; el señor A, como dicen las institutrices, lo hace a propósito. Lo hace como protesta. Protesta contra la igualdad del otro sexo afirmando su propia superioridad. Por lo tanto, está impedido, inhibido y cohibido, como podría haber estado Shakespeare si también hubiera conocido a la señorita Clough y a la señorita Davies. Sin duda, la literatura isabelina habría sido muy diferente de lo que es si el movimiento femenino hubiera comenzado en el siglo XVI y no en el XIX.

Si esta teoría de los dos lados de la mente es válida, esto significa que la virilidad se ha vuelto consciente de sí misma, es decir, que los hombres escriben ahora sólo con el lado masculino de su cerebro. Es un error que una mujer los lea, porque inevitablemente buscará algo que no encontrará. Es el poder de la sugestión lo que más se echa de menos, pensé, tomando al señor B, el crítico, en mis manos y leyendo, con mucha atención y muy obedientemente, sus observaciones

poetry. Very able they were, acute and full of learning; but the trouble was that his feelings no longer communicated; his mind seemed separated into different chambers; not a sound carried from one to the other. Thus, when one takes a sentence of Mr B into the mind it falls plump to the ground — dead; but when one takes a sentence of Coleridge into the mind, it explodes and gives birth to all kinds of other ideas, and that is the only sort of writing of which one can say that it has the secret of perpetual life.

But whatever the reason may be, it is a fact that one must deplore. For it means — here I had come to rows of books by Mr Galsworthy and Mr Kipling — that some of the finest works of our greatest living writers fall upon deaf ears. Do what she will a woman cannot find in them that fountain of perpetual life which the critics assure her is there. It is not only that they celebrate male virtues, enforce male values and describe the world of men; it is that the emotion with which these books are permeated is to a woman incomprehensible. It is coming, it is gathering, it is about to burst on one's head, one begins saying long before the end. That picture will fall on old Jolyon's head; he will die of the shock; the old clerk will speak over him two or three obituary words; and all the swans on the Thames will simultaneously burst out singing. But one will rush away before that happens and hide in the gooseberry bushes, for the emotion which is so deep, so subtle, so symbolical to a man moves a woman to wonder. So with Mr Kipling's officers who turn their Backs; and his Sowers who sow the Seed; and his Men who are alone with their Work; and the Flag — one blushes at all these capital letters as if one had been caught eavesdropping at some purely masculine orgy. The fact is that neither Mr Galsworthy nor Mr Kipling has a spark of the woman in him. Thus all their qualities seem to a woman, if one may generalize, crude and immature. They lack suggestive power. And when a book lacks suggestive power, however hard it hits the surface of the mind it cannot penetrate within.

And in that restless mood in which one takes books out and puts them back again without looking at them I began to envisage an age to come of pure, of self-assertive virility, such as the letters of profes-

sobre el arte de la poesía. Eran muy hábiles, agudas y llenas de conocimiento; pero el problema era que sus sentimientos ya no eran co-
municados; su mente parecía estar separada en diferentes cámaras;
ni un sonido pasaba de una a otra. Así, cuando una toma una frase
del señor B en la mente, ésta cae al suelo, muerta; pero cuando una
toma una frase de Coleridge en la mente, ésta explota y da lugar a
todo tipo de ideas, y ese es el único tipo de escritura del que se puede
decir que posee el secreto de la vida eterna.

Pero cualquiera que sea la razón, es un hecho que una debe deplo-
rar. Porque significa —aquí había llegado a las filas de libros del señor
Galsworthy y del señor Kipling— que algunas de las mejores obras
de nuestros mejores escritores vivos caen en oídos sordos. Haga lo
que haga, una mujer no puede encontrar en ellos esa fuente de vida
eterna que los críticos le aseguran que está ahí. No es sólo que ce-
lebran las virtudes masculinas, refuerzan los valores masculinos y
describen el mundo de los hombres; es que la emoción con la que estos libros están impregnados es incomprensible para una mujer. Se
acerca, se acumula, está a punto de estallar en la cabeza, una se empieza a decir mucho antes del final. Ese cuadro caerá sobre la cabeza
del viejo Jolyon; morirá de la conmoción; el viejo clérigo pronuncia-
rá sobre él dos o tres palabras necrológicas; y todos los cisnes del
Támesis estallarán simultáneamente en un canto. Pero una saldrá
corriendo antes de que eso ocurra y se esconderá en los arbustos de
grosellas, porque la emoción que es tan profunda, tan sutil, tan sim-
bólica para un hombre, mueve a una mujer a maravillarse. Lo mismo
ocurre con los oficiales del señor Kipling que dan la Espalda; y sus
Sembradores que siembran la Semilla; y sus Hombres que están so-
los con su Trabajo; y la Bandera... una se ruboriza ante todas estas
mayúsculas como si hubiera sido sorprendida espiando en alguna
orgía puramente masculina. El hecho es que ni el señor Galsworthy
ni el señor Kipling tienen una chispa de la mujer en ellos. Así, todas
sus cualidades le parecen a una mujer, si se puede generalizar, bur-
das e inmaduras. Carecen de poder de sugestión. Y cuando un libro
carece de poder sugestivo, por mucho que golpee la superficie de la
mente no puede penetrar en su interior.

Y en ese estado de ánimo inquieto en el que una saca los libros y
vuelve a colocarlos sin mirarlos, empecé a imaginar una época veni-
dera de virilidad pura y autoafirmación, como la que parecen presa-

sors (take Sir Walter Raleigh's letters, for instance) seem to forebode, and the rulers of Italy have already brought into being. For one can hardly fail to be impressed in Rome by the sense of unmitigated masculinity; and whatever the value of unmitigated masculinity upon the state, one may question the effect of it upon the art of poetry. At any rate, according to the newspapers, there is a certain anxiety about fiction in Italy. There has been a meeting of academicians whose object it is 'to develop the Italian novel'. 'Men famous by birth, or in finance, industry or the Fascist corporations' came together the other day and discussed the matter, and a telegram was sent to the Duce expressing the hope 'that the Fascist era would soon give birth to a poet worthy of it'. We may all join in that pious hope, but it is doubtful whether poetry can come of an incubator. Poetry ought to have a mother as well as a father. The Fascist poem, one may fear, will be a horrid little abortion such as one sees in a glass jar in the museum of some county town. Such monsters never live long, it is said; one has never seen a prodigy of that sort cropping grass in a field. Two heads on one body do not make for length of life.

However, the blame for all this, if one is anxious to lay blame, rests no more upon one sex than upon the other. All seducers and reformers are responsible: Lady Bessborough when she lied to Lord Granville; Miss Davies when she told the truth to Mr Greg. All who have brought about a state of sex-consciousness are to blame, and it is they who drive me, when I want to stretch my faculties on a book, to seek it in that happy age, before Miss Davies and Miss Clough were born, when the writer used both sides of his mind equally. One must turn back to Shakespeare then, for Shakespeare was androgynous; and so were Keats and Sterne and Cowper and Lamb and Coleridge. Shelley perhaps was sexless. Milton and Ben Jonson had a dash too much of the male in them. So had Wordsworth and Tolstoi. In our time Proust was wholly androgynous, if not perhaps a little too much of a woman. But that failing is too rare for one to complain of it, since without some mixture of the kind the intellect seems to predominate and the other faculties of the mind harden and become barren. However, I consoled myself with the reflection that this is perhaps a passing phase; much of what I have said in obedience to my promise to give you the course of my thoughts will seem out of date; much of

giar las cartas de los profesores (por ejemplo, las cartas de Sir Walter Raleigh), y que los gobernantes de Italia ya han hecho realidad. En Roma, una no puede dejar de sentirse impactada por la sensación de masculinidad absoluta; y cualquiera que sea el valor de la masculinidad absoluta en el estado, una debe cuestionar el efecto de la misma en el arte de la poesía. En cualquier caso, según los periódicos, hay una cierta ansiedad por la ficción en Italia. Se ha celebrado una reunión de académicos cuyo objetivo es «desarrollar la novela italiana». El otro día se reunieron «hombres famosos por su nacimiento, o en las finanzas, la industria o las corporaciones fascistas» y discutieron el asunto, y se envió un telegrama al Duce expresando la esperanza «de que la era fascista pronto dé a luz a un poeta digno de ella». Todos podemos unirnos a esa piadosa esperanza, pero es dudoso que la poesía pueda salir de una incubadora. La poesía debe tener tanto una madre como un padre. El poema fascista, se puede temer, será un pequeño y horrible aborto como el que se ve en un frasco de vidrio en el museo de alguna ciudad provincial. Se dice que tales monstruos no viven mucho tiempo; nunca se ha visto un prodigio de ese tipo cortando hierba en un campo. Dos cabezas en un solo cuerpo no son garantía de una larga vida.

Sin embargo, la culpa de todo esto, si se quiere culpar a alguien, no recae más en un sexo que en el otro. Todos los seductores y reformadores son responsables: Lady Bessborough cuando mintió a Lord Granville; la señorita Davies cuando dijo la verdad al señor Greg. Todos los que han propiciado un estado de conciencia sexual son culpables, y son ellos los que me impulsan, cuando quiero estirar mis facultades en un libro, a buscarlo en aquella época feliz, antes de que nacieran la señorita Davies y la señorita Clough, en la que el escritor utilizaba ambos lados de su mente por igual. Hay que volver a Shakespeare entonces, porque Shakespeare era andrógino; y también lo eran Keats y Sterne y Cowper y Lamb y Coleridge. Shelley quizás no tenía sexo. Milton y Ben Jonson tenían una pizca de demasiada masculinidad en ellos. También Wordsworth y Tolstoi. En nuestra época, Proust fue totalmente andrógino, si no tal vez demasiado femenino. Pero ese defecto es demasiado raro para que una se queje de ello, ya que sin alguna mezcla de ese tipo el intelecto parece predominar y las otras facultades de la mente se endurecen y se vuelven estériles. Sin embargo, me consolé con la reflexión de que tal vez se trate de una fase pasajera; mucho de lo que he dicho en obediencia a mi

what flames in my eyes will seem dubious to you who have not yet come of age.

Even so, the very first sentence that I would write here, I said, crossing over to the writing-table and taking up the page headed Women and Fiction, is that it is fatal for anyone who writes to think of their sex. It is fatal to be a man or woman pure and simple; one must be woman-manly or man-womanly. It is fatal for a woman to lay the least stress on any grievance; to plead even with justice any cause; in any way to speak consciously as a woman. And fatal is no figure of speech; for anything written with that conscious bias is doomed to death. It ceases to be fertilized. Brilliant and effective, powerful and masterly, as it may appear for a day or two, it must wither at nightfall; it cannot grow in the minds of others. Some collaboration has to take place in the mind between the woman and the man before the art of creation can be accomplished. Some marriage of opposites has to be consummated. The whole of the mind must lie wide open if we are to get the sense that the writer is communicating his experience with perfect fullness. There must be freedom and there must be peace. Not a wheel must grate, not a light glimmer. The curtains must be close drawn. The writer, I thought, once his experience is over, must lie back and let his mind celebrate its nuptials in darkness. He must not look or question what is being done. Rather, he must pluck the petals from a rose or watch the swans float calmly down the river. And I saw again the current which took the boat and the under-grad-uate and the dead leaves; and the taxi took the man and the woman, I thought, seeing them come together across the street, and the current swept them away, I thought, hearing far off the roar of London's traffic, into that tremendous stream.

Here, then, Mary Beton ceases to speak. She has told you how she reached the conclusion — the prosaic conclusion — that it is necessary to have five hundred a year and a room with a lock on the door if you are to write fiction or poetry. She has tried to lay bare the thoughts and impressions that led her to think this. She has asked you to follow her flying into the arms of a Beadle, lunching here, dining there,

promesa de ofrecerles el curso de mis pensamientos les parecerá anticuado; mucho de lo que flamea a mis ojos les parecerá dudoso a ustedes, que aún no han alcanzado la mayoría de edad.

Aun así, la primerísima frase que escribiría aquí, dije, dirigiéndome hacia el escritorio y tomando la página titulada Las mujeres y la ficción, es que es fatal para cualquiera que escriba pensar en su sexo. Es fatal ser hombre o mujer a secas; hay que ser mujer-hombre u hombre-mujer. Es fatal para una mujer poner el menor énfasis en cualquier agravio; alegar incluso con justicia cualquier causa; hablar de cualquier forma que sea conscientemente como mujer. Y fatal no es una forma de decir, porque cualquier cosa escrita con ese sesgo consciente está condenada a la muerte. Deja de ser fecundo. Brillante y eficaz, poderoso y magistral, como puede parecer durante un día o dos, debe marchitarse al anochecer; no puede crecer en las mentes de los demás. Antes de que el arte de la creación pueda llevarse a cabo, tiene que producirse alguna colaboración en la mente de la mujer y el hombre. Tiene que consumarse algún tipo de matrimonio de opuestos. Toda la mente debe estar abierta para que tengamos la sensación de que el escritor está comunicando su experiencia con perfecta plenitud. Tiene que haber libertad y paz. Ni una rueda debe rechinar, ni una luz debe brillar. Las cortinas deben estar corridas. El escritor, pensé, una vez terminada su experiencia, debe recostarse y dejar que su mente celebre sus nupcias en la oscuridad. No debe mirar ni cuestionar lo que se está haciendo. Más bien, debe arrancar los pétalos de una rosa o ver a los cisnes flotar tranquilamente por el río. Y volví a ver la corriente que se llevó la barca y el estudiante y las hojas muertas; y el taxi se llevó al hombre y a la mujer, pensé, viéndolos llegar juntos al otro lado de la calle, y la corriente los arrastró, pensé, oyendo a lo lejos el rugido del tráfico londinense, a esa tremenda corriente.

Aquí, entonces, Mary Beton deja de hablar. Ella ya ha contado cómo llegó a la conclusión —la prosaica conclusión— de que es necesario tener quinientas libras al año y una habitación con cerradura en la puerta si se quiere escribir ficción o poesía. Ella intentó poner al descubierto los pensamientos e impresiones que la llevaron a pensar así. Les ha pedido que la sigan volando a los brazos de un bedel, al-

drawing pictures in the British Museum, taking books from the shelf, looking out of the window. While she has been doing all these things, you no doubt have been observing her failings and foibles and deciding what effect they have had on her opinions. You have been contradicting her and making whatever additions and deductions seem good to you. That is all as it should be, for in a question like this truth is only to be had by laying together many varieties of error. And I will end now in my own person by anticipating two criticisms, so obvious that you can hardly fail to make them.

No opinion has been expressed, you may say, upon the comparative merits of the sexes even as writers. That was done purposely, because, even if the time had come for such a valuation — and it is far more important at the moment to know how much money women had and how many rooms than to theorize about their capacities — even if the time had come I do not believe that gifts, whether of mind or character, can be weighed like sugar and butter, not even in Cambridge, where they are so adept at putting people into classes and fixing caps on their heads and letters after their names. I do not believe that even the Table of Precedency which you will find in Whitaker's *Almanac* represents a final order of values, or that there is any sound reason to suppose that a Commander of the Bath will ultimately walk in to dinner behind a Master in Lunacy. All this pitting of sex against sex, of quality against quality; all this claiming of superiority and imputing of inferiority, belong to the private-school stage of human existence where there are 'sides', and it is necessary for one side to beat another side, and of the utmost importance to walk up to a platform and receive from the hands of the Headmaster himself a highly ornamental pot. As people mature they cease to believe in sides or in Headmasters or in highly ornamental pots. At any rate, where books are concerned, it is notoriously difficult to fix labels of merit in such a way that they do not come off. Are not reviews of current literature a perpetual illustration of the difficulty of judgement? 'This great book', 'this worthless book', the same book is called by both names. Praise and blame alike mean nothing. No, delightful as the pastime of measuring may be, it is the most futile of all occupations, and to submit to the decrees of the measurers the most servile of attitudes. So long as you write what you wish to write, that is all that matters; and whether it matters for ages or only for hours,

morzando aquí, cenando allá, dibujando en el Museo Británico, cogiendo libros de la biblioteca, mirando por la ventana. Mientras ella ha estado haciendo todas estas cosas, ustedes, sin duda, han estado observando sus defectos y debilidades y decidiendo qué efecto han tenido en sus opiniones. La han contradicho y han hecho todas las adiciones y deducciones que les han parecido buenas. Eso es lo que debe ser, porque en una cuestión como ésta la verdad sólo se puede obtener juntando muchas variedades de error. Y terminaré ahora en mi propia persona anticipando dos críticas, tan obvias que difícilmente pueden dejar de hacerse.

Se puede decir que no se ha expresado ninguna opinión sobre los méritos comparativos de los sexos, ni siquiera como escritores. Eso se hizo a propósito, porque, aunque hubiera llegado el momento de tal valoración —y en este momento es mucho más importante saber cuánto dinero tienen las mujeres y cuántas habitaciones que teorizar sobre sus capacidades—, aunque hubiera llegado el momento, no creo que los dones, ya sean de mente o de carácter, puedan pesarse como el azúcar y la mantequilla, ni siquiera en Cambridge, donde son tan adeptos a clasificar a la gente y a fijar birretes en sus cabezas y letras después de sus nombres. No creo que ni siquiera la Tabla de Precedencia que encontrarán en el *Almanaque* de Whitaker represente un orden final de valores, o que haya alguna razón sólida para suponer que un Comandante del Baño acabará entrando a cenar detrás de un Maestro en Locura. Todo este enfrentamiento de sexo contra sexo, de calidad contra calidad; todo este reclamo de superioridad e imputación de inferioridad, pertenecen a la etapa de la escuela privada de la existencia humana donde hay «bandos», y es necesario que un bando gane a otro bando, y es de la mayor importancia subir a una plataforma y recibir de manos del propio Director una copa altamente decorativa. A medida que la gente madura deja de creer en bandos o en directores o en copas decorativas. En cualquier caso, en lo que respecta a los libros, es notoriamente difícil fijar etiquetas de mérito de manera que no se desprendan. ¿No son las reseñas de la literatura actual una ilustración perpetua de la dificultad de juicio? «Este gran libro», «este libro inútil», el mismo libro recibe ambas descripciones. Los elogios y los reproches no significan nada. No, por muy delicioso que sea el pasatiempo de medir, es la más inútil de las ocupaciones, y someterse a los decretos de los medidores la más servil de las actitudes. Mientras ustedes escriban lo que quieren es-

nobody can say. But to sacrifice a hair of the head of your vision, a shade of its colour, in deference to some Headmaster with a silver pot in his hand or to some professor with a measuring-rod up his sleeve, is the most abject treachery, and the sacrifice of wealth and chastity which used to be said to be the greatest of human disasters, a mere flea-bite in comparison.

Next I think that you may object that in all this I have made too much of the importance of material things. Even allowing a generous margin for symbolism, that five hundred a year stands for the power to contemplate, that a lock on the door means the power to think for oneself, still you may say that the mind should rise above such things; and that great poets have often been poor men. Let me then quote to you the words of your own Professor of Literature, who knows better than I do what goes to the making of a poet. Sir Arthur Quiller-Couch writes:'[12]

'What are the great poetical names of the last hundred years or so? Coleridge, Wordsworth, Byron, Shelley, Landor, Keats, Tennyson, Browning, Arnold, Morris, Rossetti, Swinburne — we may stop there. Of these, all but Keats, Browning, Rossetti were University men, and of these three, Keats, who died young, cut off in his prime, was the only one not fairly well to do. It may seem a brutal thing to say, and it is a sad thing to say: but, as a matter of hard fact, the theory that poetical genius bloweth where it listeth, and equally in poor and rich, holds little truth. As a matter of hard fact, nine out of those twelve were University men: which means that somehow or other they procured the means to get the best education England can give. As a matter of hard fact, of the remaining three you know that Browning was well to do, and I challenge you that, if he had not been well to do, he would no more have attained to write *Saul* or *The Ring and the Book* than Ruskin would have attained to writing *Modern Painters* if his father had not dealt prosperously in business. Rossetti had a small private income; and, moreover, he painted. There remains but Keats; whom Atropos slew young, as she slew John Clare in a mad-house, and James Thomson by the laudanum he took to drug disappoint-

12 *The Art of Writing*, by Sir Arthur Quiller-Couch.

cribir, eso es lo único que importa; y si importa por años o sólo por horas, nadie puede decirlo. Pero sacrificar un pelo de la cabeza de su visión, un matiz de su color, en deferencia a algún director con una copa de plata en la mano o a algún profesor con una vara de medir en la manga, es la traición más abyecta, y el sacrificio de la riqueza y la castidad que solía decirse que era el mayor de los desastres humanos, una mera picadura de pulga en comparación.

A continuación, creo que ustedes pueden objetar que en todo esto he dado demasiada importancia a las cosas materiales. Incluso permitiendo un margen generoso para el simbolismo, que quinientas libras al año significan el poder de contemplar, que una cerradura en la puerta significa el poder de pensar por sí misma, aún así ustedes pueden decir que la mente debe elevarse por encima de tales cosas; y que los grandes poetas han sido a menudo hombres pobres. Permítanme entonces citarles las palabras de su propio profesor de literatura, que sabe mejor que yo lo que hace a un poeta. Sir Arthur Quiller-Couch escribe:[12]

«¿Cuáles son los grandes nombres de la poesía de los últimos cien años? Coleridge, Wordsworth, Byron, Shelley, Landor, Keats, Tennyson, Browning, Arnold, Morris, Rossetti, Swinburne... podemos detenernos aquí. De todos ellos, excepto Keats, Browning y Rossetti, todos eran universitarios, y de estos tres, Keats, que murió joven, segado en la flor de la vida, fue el único que no tenía una posición acomodada. Puede parecer una cosa brutal, y es una cosa triste: pero, es un hecho, la teoría de que el genio poético sopla donde le place, e igualmente a los pobres y a los ricos, tiene poca verdad. De hecho, nueve de esos doce eran universitarios, lo que significa que, de una forma u otra, obtuvieron los medios para recibir la mejor educación que Inglaterra puede ofrecer. En realidad, de los tres restantes ya saben ustedes que Browning tenía una buena posición económica, y les desafío a que, si no hubiera tenido una buena posición económica, no habría llegado a escribir *Saúl* o *El anillo y el libro*, como Ruskin no habría llegado a escribir *Pintores modernos* si su padre no hubiera tenido un negocio próspero. Rossetti tenía una pequeña renta privada y, además, pintaba. Sólo queda Keats, a quien Atropos mató joven, como mató a John Clare en un manicomio, y a James Thomson por el láudano que tomó

---

12 *The Art of Writing*, por Sir Arthur Quiller-Couch

ment. These are dreadful facts, but let us face them. It is — however dishonouring to us as a nation — certain that, by some fault in our commonwealth, the poor poet has not in these days, nor has had for two hundred years, a dog's chance. Believe me — and I have spent a great part of ten years in watching some three hundred and twenty elementary schools, we may prate of democracy, but actually, a poor child in England has little more hope than had the son of an Athenian slave to be emancipated into that intellectual freedom of which great writings are born.'

Nobody could put the point more plainly. 'The poor poet has not in these days, nor has had for two hundred years, a dog's chance...a poor child in England has little more hope than had the son of an Athenian slave to be emancipated into that intellectual freedom of which great writings are born.' That is it. Intellectual freedom depends upon material things. Poetry depends upon intellectual freedom. And women have always been poor, not for two hundred years merely, but from the beginning of time. Women have had less intellectual freedom than the sons of Athenian slaves. Women, then, have not had a dog's chance of writing poetry. That is why I have laid so much stress on money and a room of one's own. However, thanks to the toils of those obscure women in the past, of whom I wish we knew more, thanks, curiously enough to two wars, the Crimean which let Florence Nightingale out of her drawing-room, and the European War which opened the doors to the average woman some sixty years later, these evils are in the way to be bettered. Otherwise you would not be here tonight, and your chance of earning five hundred pounds a year, precarious as I am afraid that it still is, would be minute in the extreme.

Still, you may object, why do you attach so much importance to this writing of books by women when, according to you, it requires so much effort, leads perhaps to the murder of one's aunts, will make one almost certainly late for luncheon, and may bring one into very grave disputes with certain very good fellows? My motives, let me admit, are partly selfish. Like most uneducated Englishwomen, I like reading — I like reading books in the bulk. Lately my diet has become a trifle monotonous; history is too much about wars; biography too

para drogarse. Estos son hechos espantosos, pero enfrentémoslos. Es —aunque sea deshonroso para nosotros como nación— cierto que, por algún defecto de nuestra comunidad, el poeta pobre no tiene en estos días, ni ha tenido en doscientos años, más chances que un perro. Créanme —y he pasado gran parte de unos diez años supervisando unas trescientas veinte escuelas primarias—, podemos alardear de democracia, pero en realidad, un niño pobre en Inglaterra tiene poca más esperanza que la que tenía el hijo de un esclavo ateniense de emanciparse en esa libertad intelectual de la que nacen las grandes obras literarias».

Nadie podría decirlo más claramente. «El poeta pobre no tiene en estos días, ni ha tenido en doscientos años, más chances que un perro... un niño pobre en Inglaterra tiene poca más esperanza que la que tenía el hijo de un esclavo ateniense de emanciparse en esa libertad intelectual de la que nacen las grandes obras literarias». Eso es. La libertad intelectual depende de las cosas materiales. La poesía depende de la libertad intelectual. Y las mujeres siempre han sido pobres, no sólo durante doscientos años, sino desde el principio de los tiempos. Las mujeres han tenido menos libertad intelectual que los hijos de los esclavos atenienses. Por lo tanto, las mujeres no han tenido ni las chances de un perro de escribir poesía. Por eso he insistido tanto en el dinero y en una habitación propia. Sin embargo, gracias a los esfuerzos de esas oscuras mujeres del pasado, de las que desearía que supiéramos más, gracias, curiosamente a dos guerras, la de Crimea, que permitió a Florence Nightingale salir de su salón, y a la Primera Guerra Mundial, que abrió las puertas a la mujer común unos sesenta años más tarde, estos males están en vías de ser mejorados. De lo contrario, ustedes no estarían aquí esta noche, y su posibilidad de ganar quinientas libras al año, precaria como me temo que sigue siendo, sería ínfima en extremo.

Aun así, pueden objetar, ¿por qué le concede tanta importancia a esto de escribir libros por mujeres cuando, según usted, requiere tanto esfuerzo, lleva quizás al asesinato de una tía, hará que una llegue casi seguro tarde a la hora de comer, y puede llevarle a una a disputas muy graves con ciertos compañeros agradables? Mis motivos, permítanme admitirlo, son en parte egoístas. Como la mayoría de las inglesas incultas, me gusta leer... me gusta leer libros a granel. Últimamente mi dieta se ha vuelto un poco monótona; la historia tra-

much about great men; poetry has shown, I think, a tendency to sterility, and fiction but I have sufficiently exposed my disabilities as a critic of modern fiction and will say no more about it. Therefore I would ask you to write all kinds of books, hesitating at no subject however trivial or however vast. By hook or by crook, I hope that you will possess yourselves of money enough to travel and to idle, to contemplate the future or the past of the world, to dream over books and loiter at street corners and let the line of thought dip deep into the stream. For I am by no means confining you to fiction. If you would please me — and there are thousands like me — you would write books of travel and adventure, and research and scholarship, and history and biography, and criticism and philosophy and science. By so doing you will certainly profit the art of fiction. For books have a way of influencing each other. Fiction will be much the better for standing cheek by jowl with poetry and philosophy. Moreover, if you consider any great figure of the past, like Sappho, like the Lady Murasaki, like Emily Brontë, you will find that she is an inheritor as well as an originator, and has come into existence because women have come to have the habit of writing naturally; so that even as a prelude to poetry such activity on your part would be invaluable.

But when I look back through these notes and criticize my own train of thought as I made them, I find that my motives were not altogether selfish. There runs through these comments and discursions the conviction — or is it the instinct? — that good books are desirable and that good writers, even if they show every variety of human depravity, are still good human beings. Thus when I ask you to write more books I am urging you to do what will be for your good and for the good of the world at large. How to justify this instinct or belief I do not know, for philosophic words, if one has not been educated at a university, are apt to play one false. What is meant by 'reality'? It would seem to be something very erratic, very undependable — now to be found in a dusty road, now in a scrap of newspaper in the street, now a daffodil in the sun. It lights up a group in a room and stamps some casual saying. It overwhelms one walking home beneath the stars and makes the silent world more real than the world of speech — and then there it is again in an omnibus in the uproar of Piccadilly. Sometimes, too, it seems to dwell in shapes too far away for us to dis-

ta demasiado de las guerras; la biografía, de los grandes hombres; la poesía ha mostrado, creo, una tendencia a la esterilidad, y la ficción... pero he expuesto suficientemente mis incapacidades como crítica de la ficción moderna y no diré nada más al respecto. Por lo tanto, les pido que escriban toda clase de libros, sin vacilar ante ningún tema por trivial o por vasto que sea. Por las buenas o por las malas, espero que tengan el dinero suficiente para viajar y holgazanear, para contemplar el futuro o el pasado del mundo, para soñar sobre los libros y holgazanear en las esquinas y dejar que la línea de pensamiento se sumerja en la corriente. Porque de ninguna manera las estoy limitando a la ficción. Si quieren complacerme —y hay miles como yo—, escriban libros de viajes y aventuras, de investigación y erudición, de historia y biografía, de crítica, filosofía y ciencia. Al hacerlo, ciertamente beneficiarán al arte de la ficción. Porque los libros tienen una forma de influirse mutuamente. La ficción será mucho mejor por estar codo con codo con la poesía y la filosofía. Además, si consideran cualquier gran figura del pasado, como Safo, como Lady Murasaki, como Emily Brontë, encontrarán que cada una es una heredera así como una originadora, y que ha llegado a existir porque las mujeres han llegado a tener el hábito de escribir naturalmente; de modo que incluso como preludio a la poesía tal actividad de su parte sería invaluable.

Pero cuando reviso estas notas y critico mi propia línea de pensamiento cuando las escribí, descubro que mis motivos no eran del todo egoístas. En estos comentarios y discusiones se percibe la convicción —¿o es el instinto?— de que los buenos libros son deseables y que los buenos escritores, aunque muestren toda la variedad de la depravación humana, siguen siendo buenos seres humanos. Por lo tanto, cuando les pido que escriban más libros, les estoy instando a que hagan lo que será para su bien y el del mundo en general. Cómo justificar este instinto o creencia no lo sé, pues las palabras filosóficas, si una no ha sido educada en una universidad, suelen jugarle a una una mala pasada. ¿Qué se entiende por «realidad»? Parece ser algo muy errático, muy poco fiable: ahora se encuentra en un camino polvoriento, ahora en un trozo de periódico en la calle, ahora en un narciso al sol. Ilumina a un grupo en una habitación y estampa algún dicho casual. Sobrecoge a una cuando camina hacia su casa bajo las estrellas y hace que el mundo silencioso sea más real que el mundo de la palabra, y luego está de nuevo en un ómnibus en el alboroto

cern what their nature is. But whatever it touches, it fixes and makes permanent. That is what remains over when the skin of the day has been cast into the hedge; that is what is left of past time and of our loves and hates. Now the writer, as I think, has the chance to live more than other people in the presence of this reality. It is his business to find it and collect it and communicate it to the rest of us. So at least I infer from reading *Lear* or *Emma* or *La Recherche du Temps Perdu*. For the reading of these books seems to perform a curious couching operation on the senses; one sees more intensely afterwards; the world seems bared of its covering and given an intenser life. Those are the enviable people who live at enmity with unreality; and those are the pitiable who are knocked on the head by the thing done without knowing or caring. So that when I ask you to earn money and have a room of your own, I am asking you to live in the presence of reality, an invigorating life, it would appear, whether one can impart it or not.

Here I would stop, but the pressure of convention decrees that every speech must end with a peroration. And a peroration addressed to women should have something, you will agree, particularly exalting and ennobling about it. I should implore you to remember your responsibilities, to be higher, more spiritual; I should remind, you how much depends upon you, and what an influence you can exert upon the future. But those exhortations can safely, I think, be left to the other sex, who will put them, and indeed have put them, with far greater eloquence than I can compass. When I rummage in my own mind I find no noble sentiments about being companions and equals and influencing the world to higher ends. I find myself saying briefly and prosaically that it is much more important to be oneself than anything else. Do not dream of influencing other people, I would say, if I knew how to make it sound exalted. Think of things in themselves.

And again I am reminded by dipping into newspapers and novels and biographies that when a woman speaks to women she should have something very unpleasant up her sleeve. Women are hard on women. Women dislike women. Women — but are you not sick to death of the word? I can assure you that I am. Let us agree, then, that

de Piccadilly. A veces, también, parece habitar en formas demasiado lejanas para que podamos discernir cuál es su naturaleza. Pero todo lo que toca, lo fija y lo hace permanente. Eso es lo que queda cuando la piel del día ha sido arrojada al cerco; eso es lo que queda del tiempo pasado y de nuestros amores y odios. Ahora bien, el escritor, según creo, tiene la posibilidad de vivir más que otras personas en presencia de esta realidad. A él le corresponde encontrarla, recogerla y comunicarla a los demás. Así al menos lo deduzco de la lectura de *Lear* o *Emma* o *La recherche du temps perdu*. Porque la lectura de estos libros parece realizar una curiosa operación de enmascaramiento de los sentidos; una ve más intensamente después de leerlos; el mundo parece despojado de su cubierta y dotado de una vida más intensa. Esos son los envidiables que viven enemistados con la irrealidad; y estos son los lastimosos que se dan de bruces con lo que se hace sin saber ni darle importancia. De modo que cuando les pido que ganen dinero y tengan una habitación propia, les estoy pidiendo que vivan en presencia de la realidad, una vida más intensa, al parecer, ya sea que una puede comunicarla o no.

Aquí me detendría, pero la presión de la convención decreta que todo discurso debe terminar con una peroración. Y una peroración dirigida a las mujeres debe tener algo, estarán de acuerdo, particularmente exaltante y ennoblecedor. Debo implorarles que recuerden sus responsabilidades, que sean más elevadas, más espirituales; debo recordarles cuánto depende de ustedes y qué influencia pueden ejercer en el futuro. Pero creo que esas exhortaciones pueden dejarse con seguridad al otro sexo, que las expondrá, y de hecho las ha expuesto, con mucha más elocuencia de la que yo puedo lograr. Cuando hurgo en mi propia mente, no encuentro sentimientos nobles sobre ser compañeras e iguales e influir en el mundo hacia fines más elevados. Me encuentro diciendo breve y prosaicamente que es mucho más importante ser una misma que cualquier otra cosa. No sueñen con influir otras personas, diría, si supiera cómo hacerlo sonar exaltada. Piensen en las cosas en sí mismas.

Y una vez más, al sumergirme en los periódicos, las novelas y las biografías, recuerdo que cuando una mujer se dirige a las mujeres debe tener algo muy desagradable para decir bajo la manga. Las mujeres son duras con las mujeres. Las mujeres no quieren a las mujeres. Las mujeres... ¿pero no están ustedes hartas de la palabra? Les

a paper read by a woman to women should end with something particularly disagreeable.

But how does it go? What can I think of? The truth is, I often like women. I like their unconventionality. I like their completeness. I like their anonymity. I like — but I must not run on in this way. That cupboard there, — you say it holds clean table-napkins only; but what if Sir Archibald Bodkin were concealed among them? Let me then adopt a sterner tone. Have I, in the preceding words, conveyed to you sufficiently the warnings and reprobation of mankind? I have told you the very low opinion in which you were held by Mr Oscar Browning. I have indicated what Napoleon once thought of you and what Mussolini thinks now. Then, in case any of you aspire to fiction, I have copied out for your benefit the advice of the critic about courageously acknowledging the limitations of your sex. I have referred to Professor X and given prominence to his statement that women are intellectually, morally and physically inferior to men. I have handed on all that has come my way without going in search of it, and here is a final warning — from Mr John Langdon Davies.[13] Mr John Langdon Davies warns women 'that when children cease to be altogether desirable, women cease to be altogether necessary'. I hope you will make a note of it.

How can I further encourage you to go about the business of life? Young women, I would say, and please attend, for the peroration is beginning, you are, in my opinion, disgracefully ignorant. You have never made a discovery of any sort of importance. You have never shaken an empire or led an army into battle. The plays of Shakespeare are not by you, and you have never introduced a barbarous race to the blessings of civilization. What is your excuse? It is all very well for you to say, pointing to the streets and squares and forests of the globe swarming with black and white and coffee-coloured inhabitants, all busily engaged in traffic and enterprise and love-making, we have had other work on our hands. Without our doing, those seas would be unsailed and those fertile lands a desert. We have borne and bred and washed and taught, perhaps to the age of six or seven

---

13 *A Short History of Women*, by John Langdon Davies.

aseguro que yo sí. Acordemos, pues, que una ponencia leída por una mujer a las mujeres debe terminar con algo particularmente desagradable.

¿Pero cómo se hace? ¿En qué puedo pensar? La verdad es que a menudo me gustan las mujeres. Me gusta su carácter poco convencional. Me gusta su integridad. Me gusta su anonimato. Me gusta… pero no debo seguir por este camino. Ese armario de ahí… dicen que sólo tiene servilletas limpias, pero ¿qué pasaría si Sir Archibald Bodkin estuviera escondido entre ellas? Permítame entonces adoptar un tono más severo. En las palabras anteriores, ¿les he transmitido suficientemente las advertencias y la reprobación de la humanidad? Les he dicho la muy baja opinión que tenía de ustedes el señor Oscar Browning. He indicado lo que Napoleón pensó en su día de ustedes y lo que Mussolini piensa ahora. Así, en caso de que alguna de ustedes aspire a la ficción, he copiado para su beneficio el consejo del crítico sobre el reconocimiento valiente de las limitaciones de su sexo. Me he referido al Profesor X y he dado importancia a su afirmación de que las mujeres son intelectual, moral y físicamente inferiores a los hombres. He transmitido todo lo que me ha llegado sin ir a buscarlo, y he aquí una última advertencia: la del señor John Langdon Davies.[13] El señor John Langdon Davies advierte a las mujeres «que cuando los niños dejan de ser totalmente deseables, las mujeres dejan de ser totalmente necesarias». Espero que tomen nota de ello.

¿Cómo puedo animarlas aún más a proseguir con el negocio de la vida? Jovencitas, les diría, y por favor atiendan, pues la peroración está comenzando, ustedes son, en mi opinión, vergonzosamente ignorantes. Nunca han hecho un descubrimiento de importancia. Nunca han sacudido un imperio ni han llevado un ejército a la batalla. Las obras de Shakespeare no son suyas, y nunca han introducido una raza bárbara a las bendiciones de la civilización. ¿Cuál es su excusa? Está muy bien que digan, señalando las calles, las plazas y los bosques del globo que pululan con habitantes negros y blancos y de color café, todos ocupados en el tráfico y la empresa y en hacer el amor, que hemos tenido otro trabajo en nuestras manos. Sin nuestro trabajo, esos mares estarían sin navegar y esas tierras fértiles serían un desierto. Hemos dado a luz y criado y lavado y enseñado, quizás

---

13 *A Short History of Women*, por John Langdon Davies.

years, the one thousand six hundred and twenty-three million human beings who are, according to statistics, at present in existence, and that, allowing that some had help, takes time.

There is truth in what you say — I will not deny it. But at the same time may I remind you that there have been at least two colleges for women in existence in England since the year 1866; that after the year 1880 a married woman was allowed by law to possess her own property; and that in 1919 — which is a whole nine years ago she was given a vote? May I also remind you that most of the professions have been open to you for close on ten years now? When you reflect upon these immense privileges and the length of time during which they have been enjoyed, and the fact that there must be at this moment some two thousand women capable of earning over five hundred a year in one way or another, you will agree that the excuse of lack of opportunity, training, encouragement, leisure and money no longer holds good. Moreover, the economists are telling us that Mrs Seton has had too many children. You must, of course, go on bearing children, but, so they say, in twos and threes, not in tens and twelves.

Thus, with some time on your hands and with some book learning in your brains — you have had enough of the other kind, and are sent to college partly, I suspect, to be uneducated — surely you should embark upon another stage of your very long, very laborious and highly obscure career. A thousand pens are ready to suggest what you should do and what effect you will have. My own suggestion is a little fantastic, I admit; I prefer, therefore, to put it in the form of fiction.

I told you in the course of this paper that Shakespeare had a sister; but do not look for her in Sir Sidney Lee's life of the poet. She died young — alas, she never wrote a word. She lies buried where the omnibuses now stop, opposite the Elephant and Castle. Now my belief is that this poet who never wrote a word and was buried at the cross-roads still lives. She lives in you and in me, and in many other women who are not here to-night, for they are washing up the dishes and putting the children to bed. But she lives; for great poets do not die; they are continuing presences; they need only the opportunity to walk among us in the flesh. This opportunity, as I think, it is now

hasta la edad de seis o siete años, a los mil seiscientos veintitrés millones de seres humanos que, según las estadísticas, existen en la actualidad, y eso, admitiendo que algunas hayan tenido ayuda, lleva tiempo.

Hay cierta verdad en lo que ustedes dicen, no lo niego. Pero, al mismo tiempo, me permito recordarles que en Inglaterra existen al menos dos *colleges* para mujeres desde el año 1866; que después del año 1880 la ley permite a la mujer casada poseer sus propios bienes; y que en 1919, es decir, hace nueve largos años, se le concedió el voto. ¿Puedo recordarles también que la mayoría de las profesiones están abiertas para ustedes desde hace casi diez años? Cuando reflexionen sobre estos inmensos privilegios y el tiempo durante el cual han sido disfrutados, y el hecho de que debe haber en este momento unas dos mil mujeres capaces de ganar más de quinientas libras al año de una manera u otra, estarán de acuerdo en que la excusa de la falta de oportunidades, formación, estímulo, ocio y dinero ya no es válida. Además, los economistas nos dicen que la señora Seton ha tenido demasiados hijos. Por supuesto, deben seguir teniendo hijos, pero, según dicen, de dos en dos y de tres en tres, no de a diez o doce.

Así, con algo de tiempo en sus manos y con algo de aprendizaje de libros en sus cerebros —ustedes han tenido suficiente de los otros, y han sido enviadas a la universidad en parte, sospecho, para no ser educadas— seguramente deberían embarcarse en otra etapa de su muy larga, muy laboriosa y altamente oscura carrera. Mil plumas están dispuestas a sugerir lo que deben hacer y el efecto que tendrán. Mi propia sugerencia es un poco fantástica, lo admito; prefiero, por tanto, ponerla en forma de ficción.

Les dije en el curso de este artículo que Shakespeare tenía una hermana; pero no la busquen en la vida del poeta de Sir Sidney Lee. Murió joven... lamentablemente, nunca escribió una palabra. Está enterrada donde ahora paran los omnibuses, frente al Elephant and Castle. Ahora bien, creo que esta poeta que nunca escribió una palabra y fue enterrada en el cruce de caminos todavía vive. Vive en ti y en mí, y en muchas otras mujeres que no están aquí esta noche, porque están lavando los platos y acostando a los niños. Pero ella vive; porque los grandes poetas no mueren; son presencias continuas; sólo necesitan la oportunidad de caminar entre nosotros en la

VIRGINIA WOOLF

coming within your power to give her. For my belief is that if we live another century or so — I am talking of the common life which is the real life and not of the little separate lives which we live as individuals — and have five hundred a year each of us and rooms of our own; if we have the habit of freedom and the courage to write exactly what we think; if we escape a little from the common sitting-room and see human beings not always in their relation to each other but in relation to reality; and the sky, too, and the trees or whatever it may be in themselves; if we look past Milton's bogey, for no human being should shut out the view; if we face the fact, for it is a fact, that there is no arm to cling to, but that we go alone and that our relation is to the world of reality and not only to the world of men and women, then the opportunity will come and the dead poet who was Shakespeare's sister will put on the body which she has so often laid down. Drawing her life from the lives of the unknown who were her forerunners, as her brother did before her, she will be born. As for her coming without that preparation, without that effort on our part, without that determination that when she is born again she shall find it possible to live and write her poetry, that we cannot expect, for that would be impossible. But I maintain that she would come if we worked for her, and that so to work, even in poverty and obscurity, is worth while.

carne. Esta oportunidad, según creo, está ahora a tu alcance dársela. Porque mi creencia es que si vivimos otro siglo más o menos —estoy hablando de la vida común que es la vida real y no de las pequeñas vidas separadas que vivimos como individuos— y tenemos quinientas libras al año cada una de nosotras y habitaciones propias; si tenemos el hábito de la libertad y el coraje de escribir exactamente lo que pensamos; si nos escapamos un poco de la sala de estar y vemos a los seres humanos no siempre en su relación con los demás, sino en relación con la realidad; y el cielo también, y los árboles o lo que esté en ellos; si miramos más allá del coco de Milton, pues ningún ser humano debería cerrar los ojos; si afrontamos el hecho, pues es un hecho, de que no hay ningún brazo del que agarrarse, sino que vamos solas y que nuestra relación es con el mundo de la realidad y no sólo con el mundo de los hombres y las mujeres, entonces llegará la oportunidad y la poeta muerta que fue hermana de Shakespeare obtendrá el cuerpo de la que tantas veces se la ha despojado. Sacando su vida de las vidas de las desconocidas que fueron sus precursoras, como hizo su hermano antes que ella, nacerá. En cuanto a que venga sin esa preparación, sin ese esfuerzo de nuestra parte, sin esa determinación de que cuando nazca de nuevo le sea posible vivir y escribir su poesía, eso no podemos esperarlo, pues sería imposible. Pero sostengo que ella vendrá si trabajamos por ella, y que trabajar así, incluso en la pobreza y la oscuridad, vale la pena.

Rosetta Edu

CLÁSICOS EN ESPAÑOL

Esperamos que hayas disfrutado esta lectura. ¿Quieres leer esta obra en ebook?

En nuestro Club del Libro encontrarás artículos relacionados con los libros que publicamos y la literatura en general. ¡Suscríbete en nuestra página web y te ofrecemos un ebook gratis por mes!

Recibe tu copia totalmente gratuita al unirte a nuestro *Club del libro* en rosettaedu.com/pages/club-del-libro o escaneando este QR code con tu dispositivo.

Rosetta Edu

CLÁSICOS EN ESPAÑOL

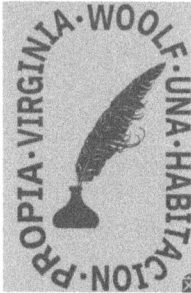

Una habitación propia se estableció desde su publicación como uno de los libros fundamentales del feminismo. Basado en dos conferencias pronunciadas por Virginia Woolf en colleges para mujeres y ampliado luego por la autora, el texto es un testamento visionario, donde tópicos característicos del feminismo por casi un siglo son expuestos con claridad tal vez por primera vez.

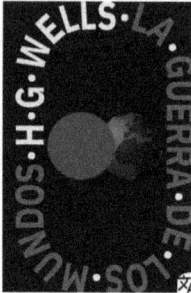

Basta pensar que *La guerra de los mundos* fue escrito entre 1895 y 1897 para darse cuenta del poder visionario del texto. Desde el momento de su publicación la novela se convirtió en una de las piezas fundamentales del canon de las obras de ciencia ficción y el referente obligado de guerra extraterrestre.

Otra vuelta de tuerca es una de las novelas de terror más difundidas en la literatura universal y cuenta una historia absorbente, siguiendo a una institutriz a cargo de dos niños en una gran mansión en la campiña inglesa que parece estar embrujada. Los detalles de la descripción y la narración en primera persona van conformando un mundo que puede inspirar genuino terror.

Rosetta Edu

EDICIONES BILINGÜES

De Jacob Flanders no se sabe sino lo que se deja entrever en las impresiones que los otros personajes tienen de él y sin embargo él es el centro constante de la narración. La primera novela experimental de Virginia Woolf trabaja entonces sobre ese vacío del personaje central. Ahora presentado en una edición bilingüe facilitando la comprensión del original.

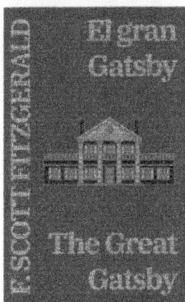

Durante décadas, y acercándose a su centenario, *El gran Gatsby* ha sido considerada una obra maestra de la literatura y candidata al título de «Gran novela americana» por su dominio al mostrar la pura identidad americana junto a un estilo distinto y maduro. La edición bilingüe permite apreciar los detalles del texto original y constituye un paso obligado para aprender el inglés en profundidad.

El Principito es uno de los libros infantiles más leídos de todos los tiempos. Es un verdadero monumento literario que con justicia se ha convertido en el libro escrito en francés más impreso y traducido de toda la historia. La edición bilingüe francés / español permite apreciar el original en todo su esplendor a la vez que abordar un texto fundamental de la lengua gala.

rosettaedu.com

www.ingramcontent.com/pod-product-compliance
Lightning Source LLC
Chambersburg PA
CBHW031152020426
42333CB00013B/621